Para

com votos de paz.

DIVALDO FRANCO
POR
DIVERSOS ESPÍRITOS

SOL DE ESPERANÇA

SALVADOR
5. ed. – 2016

©(1978) Centro Espírita Caminho da Redenção – Salvador, BA.
5. ed. – 2016
2.000 exemplares – (milheiros: do 29º ao 30º)

Revisão: Plotino Ladeira da Matta
           Adriano Mota Ferreira
Editoração eletrônica: Lívia Maria Costa Sousa
Capa: Cláudio Urpia
Coordenação editorial: Prof. Luciano de Castilho Urpia
Produção gráfica:
           LIVRARIA ESPÍRITA ALVORADA EDITORA
           Telefone: (71) 3409-8312/13 – Salvador, BA
           Homepage: www.mansaodocaminho.com.br
           E-mail: <leal@mansaodocaminho.com.br>

Dados Internacionais de Catalogação na Publicação (CIP)
(Catalogação na fonte)
Biblioteca Joanna de Ângelis

F825	FRANCO, Divaldo Pereira.
	Sol de esperança. 5. ed. / Por Diversos Espíritos [psicografado por] Divaldo Pereira Franco.
	Salvador: LEAL, 2016.
	232 p.
	ISBN: 978-85-8266-142-0
	1. Espiritismo 2. Psicografia 3. Reflexões morais
	I. Franco, Divaldo II. Título
	CDD: 133.93

DIREITOS RESERVADOS: todos os direitos de reprodução, cópia, comunicação ao público e exploração econômica desta obra estão reservados, única e exclusivamente, para o Centro Espírita Caminho da Redenção. Proibida a sua reprodução parcial ou total, por qualquer meio, sem expressa autorização, nos termos da Lei 9.610/98.

Impresso no Brasil
Presita en Brazilo

SUMÁRIO

Sol de esperança (Joanna de Ângelis)	7
1. Ante o novo Santuário de Ismael (Bezerra de Menezes)	11
2. O progresso (Léon Denis)	17
3. Catarse terapêutica pela palavra (Marco Prisco)	31
4. Kardec, o conquistador diferente (Bezerra de Menezes)	33
5. Novos rumos (Guillon Ribeiro)	41
6. Atualidade do Espiritismo (Antônio J. Freire)	47
7. *Flashes* (Ignotus)	53
8. Oração (Marcelo Ribeiro)	57
9. Hoje como ontem (Amélia Rodrigues)	59
10. Todos irmãos (Joanna de Ângelis)	65
11. Juventude (Eurípedes Barsanulfo)	69
12 Lamentação (Vianna de Carvalho)	73
13. Sublimação (Catarina de Siena)	77
14. Perseverança na luta (Jacques Aboab)	79
15. Indulgência (Marcelo Ribeiro)	83
16. Trabalho e paciência (Caírbar Schutel)	87
17. O ministério do Evangelho no Lar (Bezerra de Menezes)	89
18. Semeia e semeia (Joanna de Ângelis)	97
19. Conflitos de gerações (Leopoldo Machado)	101
20. Lição aproveitada (Ignotus)	107
21. Porta e chave (Eurípedes Barsanulfo)	109
22. Silêncio que ouve (Joanna de Ângelis)	113

23. Espinhos do Cristo (Des Touches) — 117

24. Conciliações errôneas (Faure da Rosa) — 121

25. Desenvolvimento separatista (Vianna de Carvalho) — 127

26. Irmãos perseguidos (Joanna de Ângelis) — 133

27. Meus filhos, muita paz! (Bezerra de Menezes) — 137

28. KiaNgola, *suku akale kumue lene*! (Mon. Manuel Cunha) — 143

29. Ainda, a fraternidade (Joanna de Ângelis) — 147

30. Exultemos (Antônio J. Freire) — 149

31. Fortunas de amor (Joanna de Ângelis) — 155

32. Obsessão por fascinação (Ignotus) — 159

33. Alvorada entre sombras (Léon Denis) — 163

34. Rosas da caridade (Isabel) — 171

35. Responsabilidade no matrimônio (Joanna de Ângelis) — 173

36. Evangelho em família (Amélia Rodrigues) — 177

37. Não matarás (Vianna de Carvalho) — 181

38. Fé com desconfiança (Ignotus) — 187

39. Fiel para sempre (Joanna de Ângelis) — 189

40. Religião cósmica do amor (Antônio J. Freire) — 193

41. *Luz del mundo* (Amalia D. Soler) — 199

    Luz do mundo (Amalia D. Soler) — 203

42. *Ya es tiempo* (Amalia D. Soler) — 205

    Já é tempo (Amalia D. Soler) — 209

43. *Los héroes del silencio* (Amalia D. Soler) — 213

    Os heróis do silêncio (Amalia D. Soler) — 217

44. Poema da gratidão (Amélia Rodrigues) — 221

    Nótulas biográficas — 227

Sol de esperança

Os técnicos em demografia asseveram que em cada meia hora desencarnam três mil pessoas, em média, enquanto reencarnam no mesmo período um pouco mais de sete mil criaturas, o que dará à Terra um acréscimo populacional de setenta milhões, aproximadamente, de habitantes para o ano vindouro.

Dentro do mesmo cálculo, acreditam que, ao iniciar do próximo milênio, estejam vivendo no planeta cerca de sete bilhões de homens, não obstante as previsões de guerras, que exterminarão, segundo as mesmas fontes, quatrocentos milhões de vidas humanas.

Prosseguindo com as estatísticas, no campo do provável, afirmam que, ao fim do primeiro século no novo milênio, terão perecido, nas guerras que eclodirão, quase quatro bilhões de pessoas, mas que, apesar disso, a densidade populacional será de dez bilhões na economia do orbe terrestre.

E prognosticam ameaçadoras quão deprimentes consequências da explosão demográfica, como da eclosão das paixões animalizantes ainda vigentes no Espírito humano.

Há, no entanto, contraditam, a possibilidade da guerra de extermínio total e aniquilamento da espécie humana, com o simultâneo esfacelamento da Terra, caso as nações prossigam na desenfreada carreira armamentista em que se digladiam...

Informam os estrategistas militares nos seus relatórios de estudos bélicos, que existem armazenados, nos arsenais próprios, explosivos que corresponderiam a vinte toneladas para cada indivíduo e um total superior ao máximo necessário de cinquenta vezes. Do que decorre que a "guerra total" é questão de tempo: um pouco mais de um século e um quarto, admitem...

Não há muito, Augusto Comte asseverava que a Ciência atingira o máximo, estabelecendo fundamentos que pareciam inamovíveis.

O átomo rapidamente desfigurou a própria etimologia e ofereceu um campo para infinitas divisões e estudos.

Conceitos que ontem eram basilares ruíram celeremente, e as afirmações filosóficas, religiosas e éticas experimentaram crua transformação, propondo para estes dias o período de transição cultural que encerra um ciclo e inicia outro, aguardando com expectativa e incerteza.

As mais audaciosas concepções sobre o futuro empalidecem, e a mais avançada ficção, repentinamente, parece uma expressão lúdica pertencente ao período infantil, tão inesperados são os resultados das experiências como das conquistas modernas, que superam todas as fantasias da imaginação.

O homem, porém, intrinsecamente, continua o mesmo: ama e deseja ser amado, sonha com o amor e se encanta com a ternura, busca a natureza e deseja a soledade que estimula a meditação, inspira a beleza, conduz à paz.

As suas reações hoje apresentadas em manchetes surpreendentes, nas crises de agressão e depressão, resultam da imensa queda nos fossos da decepção a que foi arrojado, como decorrência da mudança e do avanço da cultura, como da civilização, que o surpreenderam desaparelhado emocionalmente para o largo salto do momento.

As comunidades engendradas pelos jovens, como protesto através do pacifismo, reagindo aos condicionamentos econômicos, sociais, estéticos e morais atestam a saturação de que se sentem possuídos, pela forma com que se viram ludibriados nos objetivos acalentados por uma vida simples, em que o amor e a paz se fizessem as razões essenciais da existência.

Por isso, ao Espiritismo, na sua beleza e claridade, está reservada a sublime tarefa de reconstruir a Humanidade dos escombros a que se encontra arrojada. Portador dos elementos básicos da simplicidade que flui e reflui do Evangelho de Jesus, dispõe também dos filões de sabedoria para adentrar-se por gabinetes e laboratórios, a fim de equacionar a problemática humana à luz da imortalidade, com as suas decorrências: comunicabilidade e reencarnação dos Espíritos, alcançando todas as áreas do pensamento e da emoção.

Corroborando essa afirmação, Espíritos dedicados que vivem reencarnados aqui e ali, em diversas paisagens terrenas, retornaram para reafirmar a legitimidade da vida, através da sobrevivência à morte, ora pela psicografia, ora pela psicofonia, em reuniões espíritas particulares e públicas, ressaltando a grandeza e excelência de Jesus Cristo e do Evangelho como solução para o angustiante momento que se vive na atualidade.[1]

---

[1] As mensagens que constituem o presente volume foram ditadas fora da sede de trabalho do médium, em Salvador, por ocasião das suas viagens de pregação, fiel ao mandado do Mestre: "Ide e pregai."
Algumas páginas oportunamente foram publicadas em diversos Órgãos da Imprensa Espírita no Brasil (nota da autora espiritual).

Diversos Espíritos/Divaldo Franco

Ao apresentarmos o pensamento desses benfeitores e amigos afeiçoados, alguns dos quais passaram quase ignorados, senão desconhecidos no mundo, temos em mente reafirmar que o amor – hálito divino mantenedor da vida – que os reúne nesta sementeira faz lembrar um sol de esperança, *prenunciando o grande amor que um dia reunirá todas as criaturas como irmãos, quando o monstro da guerra for página da história do passado, e a fraternidade real abrir os braços à Era da Paz que logo mais se estabelecerá no mundo, em nome de Jesus, o Pastor Divino das nossas vidas.*

JOANNA DE ÂNGELIS
Salvador, BA, 3 de outubro de 1971.

1

ANTE O NOVO SANTUÁRIO DE ISMAEL

Meus amigos:
Que o Senhor nos abençoe!
Eis-nos a caminho da redenção.
Nem os entusiasmos juvenis nem as decepções.
Enquanto brilha a luz da oportunidade de servir, soa o nosso momento de agir.

Ainda ontem, fascinados pelos ouropéis, abandonamos nossos compromissos maiores com Jesus para entronizar a loucura, campeando, desarvorados, pelo solo juncado de vítimas que a nossa imprevidência tentava justificar. Ainda ontem, com a mente levantada para os altos cimos da vida, nos acreditávamos senhores do poder, disseminando a incompreensão e a prepotência para sobreviver nos braços do desequilíbrio. Não faz muito, meus amigos, tentando repetir as experiências da Boa-nova, enveredamos pela senda das dissipações, aliando-nos aos potentados da Terra para que fulgurassem as expressões do Evangelho em nossas flâmulas de dominação. Imprevidentes e atormentados, acreditávamos no poder da força e cavalgávamos os ginetes terríveis da ambição, que atravessavam cidades e países, disseminando angústia e povoando a Terra de órfãos e viúvas.

E ainda hoje a nossa atitude mental em relação a Jesus não se há modificado totalmente. Ainda nos acreditamos senhores de consciências; ainda nos supomos dominadores; ainda desejamos imperar.

No entanto, com as clarinadas de luz e verdade da Doutrina Espírita, ante a certeza inalienável da continuidade da vida depois da disjunção celular, abrimos os olhos ao entendimento e começamos a sentir a imperiosa necessidade da nossa transformação íntima. Ainda hoje, embora nossos vínculos com a retaguarda, somos tocados pela força imperiosa de agir com acerto, para nos libertarmos, por fim, do círculo estreito das reencarnações, inferiores.

E é por essa razão que, diante do trabalho que nos convida, da ação benéfica que nos chama, não nos podemos deter no rol das queixas, fazendo relatórios de insucessos, nem apontando dificuldades. É a nossa hora, esta hora do trabalho profícuo com Jesus, da sementeira segura com o amor e da realização intimorata nas linhas direcionais da verdade, nas quais encontramos o caminho da nossa gloriosa destinação espiritual.

Por esses motivos, não podemos parar, não nos é lícito recuar, tendo somente a opção de avançar, com segurança e intrepidez.

Jesus, meus amigos, Jesus, o companheiro de ontem, é a nossa segurança de hoje. O órfão, o enfermo, o aflito são as nossas oportunidades de espalhar a luz da caridade plena. O obsidiado, o tombado na via das aflições, o companheiro atemorizado são ensejos valiosos para produzir com o Cristo, tendo em vista o nosso compromisso maior com o Evangelho Redentor.

No entanto, espalhar a luz clara e meridiana do Espiritismo libertador é a nossa tarefa imediata, na qual nos de-

Sol de esperança

vemos integrar, oferecendo todas as nossas oportunidades. O Espiritismo é um sol que nos aclara inteiramente e nos aquece, tanto quanto a caridade é a seiva da vida que nos nutre e nos impulsiona de modo a atingirmos o planalto da Fé Restaurada.

Mas, por enquanto, empenhados como nos encontramos na tarefa inapreciável de preparar o solo do futuro, busquemos espargir a luz consoladora da verdade por todos os meios ao nosso alcance. A tribuna, a pena, o recurso da página espírita, do jornal espírita, do livro espírita, o veículo do rádio, da televisão, da cinematografia são meios de que nos devemos utilizar para, mais rapidamente, levarmos o Farol Kardequiano a todos os corações que se encontram perdidos no tumulto das paixões humanas.

E é por esse motivo que saudamos, na obra veneranda da *Casa de Ismael*, o farol colocado na penedia deserta, mas capaz de projetar luz que chegue a distâncias imensuráveis para conduzir a seguro porto nautas e embarcações, Espíritos e aspirações, que, por enquanto, navegam em círculos e jornadeiam por ínvios caminhos, sem rota segura nem diretriz pré-traçada. É por essa razão que, diante do trabalho que se desenvolve aqui, hoje e agora, bendizemos ao Senhor, que nos honra com a oportunidade de servir e de amar, plantando o marco histórico de uma nova era, para que sejam preservados os postulados do Evangelho Redentor e da Doutrina Consoladora em nossos corações, por nossas mãos, tendo em vista o futuro.

Ontem nos preocupávamos com o santuário, para não perdermos na formalística e na liturgia. Levantávamos altares à própria vaidade de modo a atendermos à nossa cobiça e a acumularmos haveres perecíveis; disputávamos a primazia de erigir templos que se demoravam vazios e inexpressivos, quais monumentos de pedra que o tempo já ia vencer, guardando o nome atormentado da nossa própria paixão.

Hoje, porém, o nosso trabalho se reveste de luz, porque não pretendemos levantar uma casa de cimento, ferro e pedra para guardar as nossas ambições que se desvanecem no túmulo, nem acumular nossas paixões que a realidade esboroa.

Levantemos este novo Santuário de Ismael para evangelizar, para educar, para servir – sobretudo para amar –, espalhando a Mensagem do Cristo consolador que volta ao amargurado coração da Terra no momento dos grandes voos do pensamento e da técnica além do nosso orbe.

Demo-nos, quanto possível, à conclusão dele, guardando a certeza de que, dentro de suas paredes, estamos a levantar o templo do Espírito imortal que as perturbadoras falanges da tentação não conseguirão demolir.

Ofereçamo-nos integralmente a este trabalho redentor.

Estamos repletando a nossa Casa com o espírito de amor e com a luz do Espírito redivivo para albergar no seio generoso da fraternidade os que virão depois de nós, sedentos de luz, necessitados de paz.

Por tudo isso, meus amigos, não nos podemos consorciar com os compromissos da política militante nem com as paixões que logo passam. Devemos manter a nossa Casa e o nosso trabalho através do nosso esforço e do nosso suor, das nossas lágrimas e das nossas renúncias sacrificais, para que não tragam as tarefas, desde agora, a marca tisnada das dissipações e das miserabilidades humanas. Tenhamos a certeza de que não nos faltarão os recursos de Mais-alto, de que Jesus vela, de que Jesus está no comando e de que o

Sol de esperança

barco em que nos encontramos, com Ele chegará ao porto da destinação gloriosa. Sigamos, asserenados e tranquilos, com Jesus, por Jesus e para Jesus, entoando o nosso hino de fidelidade ao Evangelho e à Doutrina Espírita, nesta hora de aflições e provas, de dificuldades e de seleções em que nos encontramos todos empenhados, para que, acima de tudo, brilhe a luz do Senhor. Até o momento da nossa libertação total, nós, que assumimos o compromisso de servir e amar, pavimentemos as sendas por onde avançamos com as pedras da humildade e envolvamo-nos na lã do Cordeiro de Deus, para chegarmos, confiantes e intemeratos, ao termo da jornada santificante.

Exorando ao Amorável Amigo de todos nós que nos abençoe nas tarefas encetadas e que nos ajude a libertar-nos dos compromissos pretéritos, oscula os vossos corações, meus amigos e meus filhos, o velho companheiro e servidor humílimo,

BEZERRA DE MENEZES
(FEB – Brasília, DF, 24 de abril de 1967).

2

O PROGRESSO

O progresso! A imperiosa e inevitável necessidade de progredir fez com que o homem abandonasse a gruta e buscasse a palafita, formasse grupos tribais e demandasse às margens caudalosas dos grandes rios, construísse aldeias e cidades, erigindo metrópoles deslumbrantes para o seu próprio conforto. Desejando conquistar as distâncias e facilitar a locomoção, utilizou-se de animais que se submeteram à domesticação, enfrentou os oceanos e mares de pélagos vorazes em frágeis engenhos, e, estimulado por Ícaro, sonhou com as alturas, experimentando balões dirigíveis, conseguindo, por fim, construir veículos de variada expressão: cidades flutuantes que possuem todas as exigências técnicas imagináveis, velozes aparelhos aéreos que transportam algumas centenas de pessoas de uma só vez, autos confortáveis e rápidos, que vencem distâncias várias em todas as direções. Concebeu e produziu submarinos alimentados por energia atômica, que atravessam distâncias jamais sonhadas, e poderosos foguetes que superam todas as atmosferas que envolvem o planeta, conduzindo o homem em suas ogivas, nas diversas visitas à Lua, como passo inicial para outros voos mais audaciosos por todo o Sistema Solar...

Terras insalubres vêm sendo transformadas, e áridos desertos cedem a sua contribuição à vida, amparados por fertilizantes e irrigação abundante que lhes modificam a paisagem; montanhas são vencidas e arrasadas para aterrarem largas faixas conquistadas aos mares, aos rios e aos lagos que dão lugar às leis do crescimento tecnológico; pontes ousadas balouçam em cabos de aço, atados a pilotis que parecem flechas de algum deus poderoso, apontadas para a face sonhadora dos céus, ligando continentes, ilhas, penínsulas e viadutos delicados, como se fossem cartolinas levemente onduladas, facilitam o trânsito entre as bordas de cerros, acima de vales antes verdejantes, cujas árvores oferecem lugar ao asfalto, por onde veículos superlotados conduzem passageiros apressados em múltiplas direções...

Palácios deslumbrantes guardam a história do passado, e museus fantásticos preservam os patrimônios da arte e da civilização, ao lado de bibliotecas gigantes que mantêm acesas as chamas da herança do saber, colocadas a serviço do presente e do futuro. Escolas e universidades irrompem por todos os lados, desdobrando os valores da inteligência, de modo a dilatar as concepções sobre o Universo e a vida que o deslumbra...

As enfermidades sofrem aguerridos combates, e hospitais colossais abrem suas portas para a conquista e preservação da saúde. Laboratórios valiosos preparam novos técnicos para a luta contra os agentes naturais, inimigos da vida humana, e as técnicas de higiene são oferecidas diariamente, graças a descobertas abençoadas que modificam conceitos em torno da existência... Produtos farmacêuticos conseguem recompor o metabolismo orgânico, e profundos conhecedores da máquina fisiológica do homem traçam diretrizes de manutenção dos implementos físicos e psíquicos, fundamentados em sadias observações, cujos resultados são

Sol de esperança

comprovados por experiências contínuas em cobaias submissas. Técnicas cirúrgicas avançadas reparam tecidos gastos no corpo humano, substituem peças, colocam válvulas artificiais, tentam transplantes de órgãos inteiros, retificam conceitos quanto à indispensabilidade ou importância de órgãos, tidos antes como os mais valiosos da máquina de que se utilizam a inteligência e a vontade para pensar e agir...

A pecuária resolve problemas graves na saúde dos animais, seleciona reprodutores de grande rentabilidade e, nas reservas florestais da fauna, há já uma grande preocupação pela sobrevivência de espécies que parecem condenadas à extinção... A agricultura formula novas técnicas para o aproveitamento de terras inóspitas e a recuperação de solos exauridos, enquanto a dessalinização da água do mar cria abençoadas esperanças para o problema da água potável...

Agitado pela força de vigorosa intuição que o segue desde as primeiras manifestações anímicas, esse homem, que começa a perceber, fez-se litólatra a princípio, e logo depois, sucessivamente, fitólatra, zoólatra, atingindo a mitologia na sua expressão mais alta, como uma das manifestações do politeísmo, que ofereceu expressivo legado, através das várias manifestações de fé, e que agora reaparece como resíduos na cultura religiosa monoteísta dos presentes dias.[2]

O progresso! Ao atingir a maioridade tecnológica e considerar-se no clímax da civilização, o homem de hoje contempla o passado e sente asco quando recorda as bar-

---

[2] Litolatria: adoração das pedras; fitolatria: adoração dos vegetais; zoolatria: adoração dos animais; mitologia: história fabulosa dos deuses, semideuses e dos heróis da Antiguidade; politeísmo: adoração de muitos deuses de uma só vez; monoteísmo: adoração de um só deus (nota do autor espiritual).

báries das tribos primitivas do pretérito ou os espetáculos orgíacos da velha arena romana.

Embrenhando-se pelas páginas amarelecidas da história dos tempos e participando dos seus fastos, repugnam-lhes as batalhas da conquista bélica, em que a impiedade se assenhoreava de homens e povos, esparzindo sementes do ódio, que ateava labaredas de intérmina destruição; verifica, estarrecido, os sacrifícios dos gênios do conhecimento para se sobreporem aos preconceitos da ignorância, de modo a precipitar as madrugadas do saber sobre as noites da presunção e da selvageria; recorda enfermidades sem-nome, que grassavam famélicas, pestilenciais e lhe constrange recordar as epidemias avassaladoras que abatiam cidades inteiras, deixando pegadas de morte e de dor por toda parte; nem sequer pode conceber as circunstâncias em que vivia a criatura naqueles tempos, ignorando os valiosos recursos da higiene e do respeito humano aos direitos alheios...

O progresso tem investido e vitoriosamente alcança as mais elevadas expressões, ensejando comodidade e facultando a percepção de melhores condições de vida para o futuro.

Enquanto satélites artificiais circulam atados às Leis de Gravitação, ao lado da Terra, transmitindo de polo a polo as imagens de televisão, ou apresentam paisagens tristes de Selene, bólides rasgam o ar, conduzindo instrumentos supersensíveis encarregados de equacionar os enigmas da estratosfera – incontáveis, ainda não decifrados – e sondas espaciais singram em todas as direções, tenta-se, simultaneamente, o conhecimento do fundo do mar para verificar-se e medir-se as resistências orgânicas sob as altas pressões submarinas e, ao mesmo tempo, descobrir-se novas fontes

Sol de esperança

de abastecimento alimentar para resolver ou diminuir o problema capital da fome, esse fantasma multimilenar que apavora periodicamente o mundo. Concomitantemente, no silêncio das catedrais da pesquisa científica, tenta-se a inseminação, já exitosa, a fecundação do ser humano em proveta e espera-se conseguir a execução de mapas de controle da hereditariedade, de modo a criarem-se biótipos superiores, no sentido genético, insensíveis à dor, ao amor, aos sentimentos...

Sucede que o progresso tecnológico sem a sublime conquista das virtudes cristãs vai, paulatinamente, conduzindo o homem à soberbia, à loucura, e, nos conflitos que o assaltam, repentinamente esse homem, amante do bem, do progresso e de novas conquistas da vida, estiola por precipitação todos os valores e lauréis do conhecimento, voltando-se, narcisista e atormentado, para o culto da própria personalidade, que o vem arrastando fatalmente para a autodestruição. A Ciência, nas linhas meramente tecnicistas, sem o sangue vitalizador do amor, converte-se em tóxico letal, que principia por matar aqueles que a utilizam, volatilizando-se por toda parte e atingindo quantos lhe prestam culto de subserviência ou por ela apenas se deixam fascinar e conduzir.

Sem dúvida, o progresso construiu a nova Terra, mas fê-lo, lamentavelmente, sem a necessária consideração pelas realidades divinas, e assim, qual se encontra, convertem-se em miragem quase todas essas conquistas, porquanto, concomitantemente, ao lado delas surgem condutores de povos enlouquecidos que esperam o momento supremo da força para deflagrar uma guerra nuclear, falando com a frieza de simples números, sem qualquer tônica de respeito à vida, à alma ou sequer pensando na Humanidade: "Numa guerra que nos roube 500 milhões de homens, ficamos com um saldo de 200 milhões para governar a Terra", conforme as declarações de Mao Tsé-Tung, o dominador da China continental. O herdeiro da doutrina política pacifista de Confúcio e da filosofia de Lao-Tsé, na usurpação dos bens da comunidade, que administra temporariamente, subleva-se e combate a cultura, assassinando as esperanças em inenarrável sofreguidão para conseguir uma governança do planeta, transitoriamente, esquecido das lições que o tempo aplicou em todos os títeres, através dos séculos.

E constatamos, em sofrimento, que as guerras não são hoje menos impiedosas do que as de ontem. As técnicas de espionagem, as "lavagens cerebrais", os medicamentos sorológicos para a verdade são terríveis, e os crimes contra a Humanidade continuam impunes e multiplicados onde quer que essa supervivente Hidra de Lerna apresente suas cabeças, disseminando o horror e a carnificina generalizada.

O homem dominou a máquina e fez-se senhor da técnica; apesar disso, sofre, agora, as perspectivas angustiantes de um extermínio da vida, quando considera a poluição do ar, da água e o envenenamento das terras ribeirinhas, graças aos excessos de substâncias químicas e tóxicas, de insetici-

---

[3] *Smog:* do inglês *smoke,* fumaça, *e fog,* névoa, neblina. É considerado pelas autoridades sanitárias como um agente "fotoquímico". Os dados mais surpreendentes e mesmo chocantes sobre a poluição da atmosfera, apresentados recentemente, informam que entre 1940 e 1969 a média de temperatura da Terra está de 0,3 graus centígrados mais fria, graças principalmente à contaminação do ar através de depósitos de partículas vulcânicas, nucleares e industriais na atmosfera, que impossibilitam a passagem dos raios solares com a mesma intensidade. E esse problema se agiganta passando para as águas. "Na superfície terrestre, a ação dos detergentes se faz sentir sobre todos os seres vivos com o tolhimento da ação clorofiliana da flora." Segundo, ainda, os estudiosos do assunto, a oxigenização da água desaparece sob a ação excessiva dos detergentes e se produz a asfixia dos peixes, etc. (nota da Editora).

Sol de esperança

das e da pressão terrível do *smog*[3] que pairam sobre as cidades mais populosas do mundo, qual fantasma de aniquilamento próximo. E não deixa de pensar nos "satélites espias", e nos superfoguetes com bombas de incalculável poder de destruição armadas nas ogivas, aguardando os disparos automáticos para qualquer emergência, enquanto redes de poderosos radares tentam, inutilmente, detectar inimigos de fora, em arremetidas de surpresa...

Os conflitos raciais, cada vez mais aguerridos, tornam o homem incapaz de discernir para acertar, enquanto as guerras de Religião repontam assustadoras, repetindo as negras e decadentes paisagens da Idade Medieval...

A mulher, sobre cuja organização se estabelecem os liames da estrutura social, na família, sai às ruas buscando direitos igualitários aos dos homens e, não obstante, se entrega a expressões de decadência moral, que os próprios homens, desde Jesus, vêm lutando denodadamente por abandonar.

Legaliza-se o aborto, não por obediência a qualquer princípio ético, e o infanticídio culposo torna-se perfeitamente aceito, amparado pelas leis indignas das *novas babilônias,* para repetir a expressão evangélica do passado.

Aí estão, todavia, para incômodo de legisladores e governantes, especialistas da cultura e sociólogos, portadores de supercultura, em desafio doloroso, a infância abandonada e a velhice desrespeitada, o expressivo índice de criminalidade em crescimento incontrolável, o abuso de barbitúricos e estupefacientes, a juventude desenfreada e o totalitarismo do poder, respondendo ao progresso com as armas do cinismo, do sarcasmo, do descrédito; e as providências tomadas de afogadilho, em nome da paz, continuamente sacrificada aos interesses subalternos da vá e chã política, não conseguem deter a guerra no Extremo ou Médio Oriente, na Ásia, na África, os sequestros na América Latina ou as lutas de classes que explodem em toda parte, o desemprego e a miséria minando as estruturas da atualidade e provocando sucessivas crises de ódio, que crispam os *oceanos sociais* destes dias de agitação e inquietude...

As doutrinas sociais que objetivavam, nas suas bases filosóficas e econômicas, restabelecer a ordem e favorecer o homem com deveres e direitos, em regime de comunidade fundamentada em estruturas de dignidade, ao serem aplicadas, derrubam as classes dominantes e levantam outras dominadoras em mãos de governos cruéis e arbitrários, sem qualquer solução objetiva e nobre para as imensas massas do proletariado do mundo, que continua sofredor e atormentado como sempre esteve.

As doutrinas capitalistas, ensoberbecidas e frias, desenvolvem as fontes de riquezas e dominação e esmagam os competidores, através de mecanismos criminosos nos quais a sobrevivência do mais fraco é mantida a peso de esmolas esporádicas, enquanto a superabundância permanece em poucas mãos, que se transformam em garras de poder nefando e criminoso, em detrimento dos restantes...

E proliferam, abundantes, outros males...

Esses são os tributos pagos ao progresso sem Deus.

Como se não bastassem tais calamidades, filósofos e religiosos, subitamente acoimados por sutis forças da animalidade predominante, em sintonia com os baixos *círculos espirituais da sombra*, proclamam hoje, como o fizeram Nietzsche no século passado e os enciclopedistas antes dele: "Deus morreu!", e criam, logo mais, afli-

Sol de esperança

tos, ruidosamente, uma Teologia sem Deus e afirmam-se cristãos não teístas.

❂

Com o desfalecimento dos conceitos religiosos, que ficaram à margem do homem e da Ciência, o conhecimento de Deus permaneceu retido nas velhas afirmações dos "pais da Igreja", no passado, ou nos ensaios filosóficos, que se foram desvitalizando à medida que se sucediam os tempos.

Divorciada da indagação científica e arbitrariamente adversária da sistemática filosófica, a Religião fez-se dominadora cruel e impôs os seus postulados enquanto o homem se demorava na infância cultural. Conquanto sedento de fé e de explicações para os inúmeros enigmas que lhe perturbavam as elucubrações, recebeu após o Cristianismo respostas prontas e a elas submeteu-se demoradamente. À medida, porém, que os horizontes se descortinavam, ampliados pelas revelações da pesquisa científica comprovada e da razão que lhe era concorde, afastou-se insensivelmente de Deus e da alma, deixando-se conduzir por novos métodos de análise, não obstante a aceitação tácita e plácida das teorias religiosas, com as quais se acomodava ética e socialmente no concerto da comunidade em que se situava.

Herdeiro de si mesmo, pelas sucessivas reencarnações, conservou o sentimento de fé, porém cresceu para outras considerações filosóficas e metafísicas, com o próprio desenvolvimento das conquistas novas e fascinantes. Os fenômenos anímicos, que sempre estiveram presentes em todas as culturas dos tempos, fascinavam-no. Proibido, no entanto, de cultivá-los pelas imposições da fé arbitrária, arrefeceu-lhe o entusiasmo e supôs que eles desapareceram com o suceder das eras. As belas e comovedoras histórias que antes o levavam às lágrimas, subitamente o deixaram de sensibilizar, despertando, por fim, cansado de crer, mas necessitado de investigar. Procurando os pugnadores da Religião, encontrou-os ainda mais descrentes, mais atormentados, envergando a indumentária de conceitos cômodos que, no entanto, não constituíam para eles, conforme supunha, base da existência espiritual. Tornou-se, por essa razão, religioso na forma e ateu na realidade. Cuidou da aparência e descurou da essência. Arregimentou consolidação externa e desagregou-se interiormente.

A proclamação do novo dogma da *morte de Deus* não lhe causou qualquer surpresa. Antes, pelo contrário, tranquilizou-o, porque o libertou do esforço de manter-se aparentando a aceitação de todo um patrimônio que para ele se encontrava destituído de valor.

Desvelado e descomprometido com as prosaicas posições religiosas, atirou-se avidamente ao campo do gozo e agora se encontra semiasfixiado no imenso vau do prazer, sob a anestesia do cansaço e da indiferença.

Deus, no entanto, hoje como outrora, não se encontra nas catedrais da Religião: veio às ruas, adentrou o âmago das almas, avançou na direção dos sofrimentos, interpenetrou-se na alma universal. Das galáxias reluzentes e consteladas aos vermes asquerosos, o *Espírito de Deus* tudo vitaliza, e a mecânica aflitiva das novas e engenhosas conquistas, ao impacto dos sucessos atuais, volta a inquirir ante a perfeição que depara em toda parte: "Quem? Quando? Como? Onde?", e recebe somente uma resposta, que é a de sempre: Deus!

Os negadores do século XVIII despertaram "crendo em Deus", e os filósofos do "século das luzes" se surpreen-

Sol de esperança

deram, muitos deles, depois das arremetidas da loucura, "descobrindo Deus" neles mesmos, em consubstanciação de ideias e realidades jamais supostas anteriormente. O mesmo ocorre agora. Deus *surpreende* o astronauta que se encontra entre a Terra e a Lua na noite de Natal, e este proclama, no Módulo de Comando, emocionado: "Dai-nos, ó Deus, a visão que pode enxergar o Vosso amor no mundo, a despeito do fracasso humano..."[4] É que Ele somente pode ser concebido e sentido, jamais, porém, descrito. *"Natura naturans"*, para Spinoza, é "a Inteligência Suprema, Causa Primária de todas as coisas", conforme responderam as *Vozes do Consolador* a Allan Kardec. Jesus lhe chamava docemente: "Meu Pai", e isso traduz o sentido mais elevado na conceituação do Todo.

A inteligência humana, conquanto parcialmente lúcida, não possui recursos para definir o *indefinível*. No entanto, se aplicadas as leis do cálculo de probabilidades para exame das condições essenciais necessárias à existência da vida na Terra, conforme a encontramos, somos forçados a admitir e aceitar uma Inteligência Criadora, *Causa Primária de todas as coisas*, e se nos adentrarmos ao organismo humano para conhecer-lhe as sedes da vida, deparamo-nos com essa mesma Sabedoria Divina, gerando e mantendo a ordem, igualmente no domicílio celular para o crescimento do Espírito que dele se utiliza temporariamente.

Quando o eminente Dr. L. Hamm, em 1677, descobriu o *milagre* da fecundação (através de uma célula que

---

[4] Trecho da oração proferida pelo astronauta americano, comandante Frank Borman, a bordo da Apollo 8, em sua 3ª volta sobre a Lua: "Dai-nos, ó Deus, a visão que pode enxergar o Vosso amor no mundo, a despeito do fracasso humano. Dai-nos a fé para confiar na Vossa Bondade, a despeito da nossa ignorância e fraqueza. Dai-nos o conhecimento para que possamos continuar a rezar com os corações sensíveis. E mostrai-nos o que cada um de nós pode fazer para apressar a chegada do dia da paz universal" (nota do autor espiritual).

seria descrita posteriormente por Anton van Leeuwenhoek), focalizou sua atenção em minúscula célula que, fecundada, tem a rara propriedade de reproduzir-se, por si mesma, em 26 bilhões de células diversas, no "vivíparo humano", construindo, desse modo, todos os órgãos e formas que constituem o homem. O gameta fecundante, fator estimulante de tal *milagre*, mede aproximadamente 52 a 62 mícrons de comprimento (merece recordar que o mícron representa a milésima parte do milímetro). Tal célula é constituída de água em 90% e matéria sólida em 10%, donde se desdobra toda a organização física e fisiológica com os complexos equipamentos da vida para o ser humano. Nesse sentido, ligeiro exame dos glóbulos vermelhos nos faz encontrar em cada milímetro cúbico aproximadamente 5.500.000 no homem e 4.800.000 na mulher. Para que tenhamos uma ideia de tal volume, se nos fosse dado arrumá-los em *fila indiana*, eles alcançariam a extensão de 187.000 quilômetros. Assim, essa fila das células do sangue de apenas um homem consegue dar cinco voltas em torno da Terra...

Só uma inteligência que supera, imensurável, o entendimento humano, mas que pode ser sentida em cada homem, *em tudo e em todos*, realizaria o prodígio de tais grandezas para a elaboração do veículo de que se utiliza o Espírito na sua jornada evolutiva, quando na Terra.

A harmonia das galáxias nos seus graciosos movimentos incessantes, no infinito, mediante aproximação e afastamento umas das outras, obedece a plano de órbita adredemente traçado, em inconcebível beleza, na sua visão de conjunto, mesmo para o mais avançado grau de estética intelectual no orbe terreno.

Deus transcende qualquer entendimento, e por isso é Deus.

Só Deus, portanto, pode entender e definir Deus...

❂

A presunção humana tem desejado estabelecer leis em torno da vida, sem a grave preocupação de compreender as Leis da Vida, já estabelecidas. Toda vez que alguma delas lhe escapa, quando o homem é ingênuo, transfere para o sobrenatural, e, quando orgulhoso, para precipitadas explicações niilistas, sem vitalidade no fundo nem na forma.

A documentação religiosa sobre o Espírito, através dos tempos, fundamenta-se, invariavelmente, na revelação e no dogma.

Em todas as épocas, porém, *os fenômenos anímicos* interessaram aos construtores dos povos e aos pensadores éticos, afirmando esses fenômenos a perenidade do princípio espiritual. Muitas civilizações levantaram as linhas éticas da sua cultura no intercâmbio com os *mortos*, sempre interessados na libertação dos *vivos*.

Embora o Oriente, com o passar do tempo, haja continuado a cultivar o antigo patrimônio das revelações imortalistas, o Ocidente, após a desvitalização do Cristianismo, deixou-se dominar pela imposição do *dogma da fé,* que estabelece, de imediato, a aceitação pura e simples da vida espiritual sem qualquer exame nem discussão dos termos, gerando nos tempos modernos a negação sistemática e proposital da sobrevivência do Espírito...

Com o advento do Espiritismo, porém, e posteriormente com o nascimento e crescimento das ciências psíquicas, valioso material foi acumulado a serviço da imortalidade da alma, restabelecendo-se em consequência a pureza dos princípios cristãos, neles fundamentados, e imediatamente se estruturando novas diretrizes para a cultura e a ética do presente como do futuro da Humanidade, conforme os postulados espíritas.

Ao Espiritismo, por isso mesmo, competem responsabilidades muito elevadas, quais as de restabelecer a pureza da Doutrina de Jesus, atualizando-a e utilizando métodos compatíveis com os engenhos tecnológicos do momento e as modernas formulações filosóficas, para que o homem possa integrar-se realmente nos objetivos superiores da vida, elaborando de logo, para ele mesmo e para a posteridade, as estruturas de uma ética otimista e espiritualista ao mesmo tempo, na qual a construção do mundo imediato tenha em vista as realidades da Vida mediata, para cujos portos todos rumarão, inapelavelmente, já que a Terra é oficina e educandário temporários de evolução para o ser que avança no rumo da perfectibilidade.

Todos os aparentes paradoxos do progresso, na atualidade, na sua faina de construir os padrões da vida e elevá-los, são parte da paisagem do futuro, no qual uma Humanidade mais feliz e melhor será constituída de homens que se amem verdadeiramente como irmãos, sob a égide de Jesus, o Mestre por excelência, cientes e conscientes todos de Deus, o Excelso Pai.

O progresso! Convidados ao ingente labor da vida, ofereçamos a contribuição do nosso esforço otimista e da nossa visualização da verdade conforme a haurimos no Evangelho de Jesus e na Revelação dos Imortais, mediante nossa oferta pessoal de amor e trabalho em prol da felicidade de todas as criaturas.

Léon Denis
(Paris, França, 9 de agosto de 1970).

3

CATARSE TERAPÊUTICA PELA PALAVRA

A Palavra!

Magia de que se utilizam os artistas do verbo, pela modulação e emotividade em que se faz expressar, conduz a estados d'alma, os mais diversos, comunicando experiências e conhecimentos que transmudam a face de muitas coisas sob o colorido e a musicalidade de que se constitui.

Veículo de exteriorização para intercâmbio entre os homens, exige consideração.

Através dela, e a serviço do Cristo, podes:

Iluminar consciências antes em sombras de remorso ou rebeldia.

Traçar caminhos de segurança para os que perderam a rota.

Dulcificar o sofrimento em quem experimenta agonia.

Libertar da ignorância os que padecem perturbação.

Imprimir imagens de beleza e esperança nas mentes em desalinho.

Consolar Espíritos, encarnados ou não, vitimados pelo desespero.

Produzir sorrisos onde se demoram tristezas...

Por meio dela, desdobras a caridade do estímulo e ofereces o apoio da resignação com as mãos do encorajamento.

Malsinada, porém, não poucas vezes tem-se transformado em ácido que produz ulcerações de ódio fomentador de guerras, veículo da destruição. Habilmente manejada pela malícia, engendra a intriga, produz a calúnia, sugere o crime, aterroriza...

A hipnose inconsciente pela palavra positiva cria, no discurso ou na lição de amor, o estado de otimismo ideal para o desenvolvimento do bem em todas as latitudes.

A fixação decorrente do verbo infeliz, porém, converte-se em fator primacial de loucura, alucinações e desditas.

Utiliza-te da palavra recordando Jesus, o Verbo Divino, que em poucas expressões comoveu a Terra e ensejou a elaboração de um sem-número de obras até hoje, cuja síntese perfeita se encontra nestes poucos vocábulos: "Fazer aos outros o que desejar que os outros lhe façam".

Marco Prisco
(Lobito, Angola, 24 de agosto de 1971).

4

KARDEC, O CONQUISTADOR DIFERENTE

Considerando o primeiro século transcorrido após a desencarnação de Allan Kardec, convém lembrar que ele não era um conquistador comum...

Enquanto nas academias de pesquisa de ordem científica era vaticinado o declínio da fé religiosa, e a própria Filosofia se debatia nas águas turvas de inquietações sem respostas, as religiões naufragavam, efetivamente, nas suas perquirições atormentadas.

Ele, no entanto, veio assinalado pelas sublimes manifestações da Vida mais-alta e penetrou o *bisturi* da indagação no organismo ciclópico da vida, arrancando das forças atuantes do Universo toda a gloriosa mensagem de estruturação da imortalidade. Paulatinamente, venceu as tentações de toda ordem, tentações que o convocavam às ribaltas fulgurantes da agitada vida social dos dias em que vivia, tentações de brilhar entre os pares do conhecimento nas academias da Ciência, nos santuários da Filosofia ou nos redutos do esclarecimento pedagógico então em voga, para se recolher à intimidade da oração e sintonizar-se com os Planos mais-altos da vida, de modo a adquirir forças para

Diversos Espíritos/Divaldo Franco

realizar o desiderato sublime, ao qual se vinculara antes do berço...

Antes dele, não obstante as conceituações em torno da imortalidade ensinadas e vividas por Jesus, a morte se nos afigurava a todos como ponto de interrogação, que raros se atreveram a interpretar, traduzindo os enigmas da continuidade da existência após a disjunção celular. A loucura se espraiava em ondas gigantescas, devorando esperanças e aniquilando as mais caras cogitações do pensamento. O suicídio, abrindo as suas fauces hiantes, destroçava a grande maioria dos homens atormentados da Terra, fazendo-os sucumbir à porta falsa da loucura íntima, sem qualquer esperança de paz.

Antes que ele chegasse até nós, campeavam as manifestações absurdas da intolerância, e o totalitarismo da fé armava ciladas cruéis nas praças públicas da incompreensão humana, fazendo abortar as mais altas florações do pensamento.

Com ele, no entanto, decifraram-se as incógnitas da vida após a morte, e todos passamos a experimentar as radiosas alegrias da continuidade do princípio espiritual, quando as manifestações materiais se diluem no silêncio da química do subsolo.

Podemos entender e equacionar os processos da alienação por obsessão, examinando as causas cármicas da perturbação psíquica à luz meridiana dos postulados da reencarnação. Foi-nos possível compreender o complexo mecanismo da perturbação que leva ao suicídio e trazer de volta a consoladora mensagem de Jesus, para atender às necessidades imperiosas do Espírito amesquinhado na Terra pelas evocações do passado delituoso a gritar nas telas do subconsciente, refletindo-se em recalque e psicose de difícil elucidação nos panoramas do conhecimento materialista.

Sol de esperança

Allan Kardec foi o nauta audacioso e nobre que se atreveu a mergulhar nas *águas abissais* da cultura, para arrancar dos *abismos* da ignorância o *diamante* sem jaça da fé cristã, de modo a projetá-la para os dias do futuro, como a resposta de Deus aos angustiantes apelos do homem encarnado na Terra. Reverenciar-lhe a memória hoje, seria assumirmos o compromisso íntimo da nossa própria renovação intransferível nas paisagens do mundo interior. Seria a nossa vivência integral dos postulados cristianíssimos que os imortais trouxeram à Terra, graças à cooperação dele, para a edificação do mundo melhor por que todos ansiamos, e por cuja realidade nos empenhamos, em luta titânica da nossa própria sublimação. Seria estudar a Mensagem Espírita, sem adaptações nem convenções, sem alardes nem extravagâncias, procurando arrancar do bojo das suas lições a palavra clara e meridiana que nos facultasse entender a nós mesmos, apresentando soluções lógicas para os problemas afligentes que inquietam a Humanidade inteira nos dias presentes.

É verdade que jazem na ignorância, a respeito da vida além da tumba, milhões de seres reencarnados; é verdade que a loucura continua dizimando, e cada vez com expressões numéricas mais gritantes; é verdade que a onda avassaladora do suicídio parece convidar-nos ao estupor das horas primevas, quando verificamos, na linguagem das estatísticas, as aberrações de mentes intelectualizadas que se deixam fanar pela utopia enganosa do autocídio... Mas não menos verdade é que a mensagem da Doutrina Espírita, agora, expande-se vigorosa sobre as mentes e os corações, oferecendo o pábulo mantenedor da esperança às almas desarvoradas e contribuindo, eficazmente, para a mudança das paisagens tormentosas da Terra.

Os vaticínios em torno do crepúsculo da fé religiosa malograram ante o esclarecimento da fé espírita que convoca à razão, estribada nos argumentos da pesquisa científica e elaborada ante os postulados renovadores com que a Vida estuante do Além bafeja os tormentos da vida inquieta da romagem dos homens.

Assim considerando, convém lembrar que Kardec não era um conquistador vulgar, pois que desdenhou o sólio dos príncipes e dos triunfadores da Terra, apagou-se no anonimato de um pseudônimo, renunciou à gratidão popular, deixou à margem os preconceitos da época para sorver, em silêncio, a taça de fel e de amargura da incompreensão dos corações mais caros, sem perturbar, por um momento sequer, a própria integridade ante as ondas avassaladoras da bajulação, da sordidez e das imposições sub-repticiamente apresentadas pelos que desejavam a Mensagem Espírita para, apagando-a, brilharem. Não se deixou, em momento algum, quebrantar-se no ânimo; não aquiesceu ante as conjunturas dos companheiros em perverter o ideal da Mensagem Consoladora dos Imortais, de modo a apresentá-la dúctil e maleável, para oferecê-la com as características da aceitação da época, pois a palavra *espírita* deveria permanecer granítica e incólume para os dias da posteridade.

Hoje, quando o sol da Terceira Revelação chega aos nossos corações, oferecendo-nos a contribuição valiosa da nossa própria felicidade, muitos nos atrevemos a apresentar opiniões que pretendem modificar-lhe a estrutura, porque estaria superada ante as luzes lógicas da Razão; isto porque, em verdade, ainda ignoramos a sua realidade intrínseca, perfeitamente tracejada em *O Livro dos Espíritos* e naqueles que lhe são decorrência natural.

Sol de esperança

Quando muitos se levantam para falar de conceitos já obsoletos – desejando fazer enxertias mirabolantes de modo a torná-la viável para as mentes frívolas que enxameiam em todos os departamentos da Terra –, convém recordar a necessidade de manter a pureza doutrinária com aquele mesmo estoicismo dos trabalhadores da primeira época.

Costuma-se dizer que a hora sacrifical do pioneirismo espírita já há passado; aventa-se a hipótese de que não se pode mais viver a existência na Terra exsudando aquele odor evangélico das primeiras horas do Cristianismo autêntico, dos dias proféticos e nobres de Jesus e de seus continuadores imediatos; arenga-se da necessidade de dar-lhe uma dinâmica nova em relação às conquistas da técnica moderna, para fazê-la agradável aos triunfadores da Terra, em conexões que poderão levar-nos aos desassossegos a que chegou o Cristianismo dos dias passados. Faz-se indispensável, isso sim, vivermos espiriticamente "melhores hoje do que ontem" e "amanhã melhores do que hoje", para que sejamos cristãos no sentido profundo da palavra, como aqueles que compreenderam a necessidade de transformar e transformar-se, conjugando, na vigilância, o verbo amar, para que a caridade em seus corações tenha regime de urgência na manifestação das ações.

O pioneirismo espírita encontra-se em seu período áureo na atualidade, pois que, apesar da adesão imensa que já nos oferece uma expressão estatística de realce, poucos compreenderam o espírito do Espiritismo incorporado ao *vade-mécum* cotidiano para realizar, na execução dessas tarefas, a consoladora promessa de Jesus.

Espíritas! Não consideremos que tudo já se encontre feito e que a nós nos compete a tarefa da conclusão das pequenas coisas que ficaram interrompidas pela desencarnação daqueles que se empenharam, estoica e bravamente, em preservar o espírito da Codificação Espírita no coração da Terra. Construções brilhantes e gloriosas temo-las em todas as épocas da Humanidade; edifícios gigantescos têm pretendido guardar a mensagem do Cristo. Mas a Revelação Espírita de hoje nos está convocando a examinar a necessidade de reter o espírito do Cristo no santuário das nossas vidas, colocando dentro de suas paredes aquele sentido de amor, de fraternidade, de tolerância e de caridade que não pode ser desconsiderado nem posto à margem. Faz-se mister empenhemos as nossas melhores aspirações para não nos transformarmos em conquistadores apressados que passam e desaparecem, dominados pelo olvido das gerações futuras.

Evocando o codificador da Doutrina Espírita no primeiro dia após cem anos da sua desencarnação, penetremo-nos da tríade sublime do *Trabalho*, da *Solidariedade* e da *Tolerância*, para estudarmos a Doutrina Espírita e vivermos o Cristianismo; para meditarmos Kardec e apresentarmos Jesus; para trabalharmos pela redenção da Terra e nos redimirmos a nós mesmos. Porque se em verdade o Espiritismo é uma luz que fulge para clarear os horizontes do mundo, a palavra de ordem da Era Nova é a de amor, que nos ilumine interiormente e que nos permeie, de tal forma que possamos impregnar os caminhos por onde passemos, consolando e ajudando sem enfado, sem cansaço, até o momento da nossa libertação triunfal.

Recordemos a mensagem clarificadora e balsamizante da Doutrina Espírita e nos abracemos, dando-nos as mãos, para marchar corajosamente na direção do mundo, cantando a glória da nossa convicção nos atos que falem verdadeiramente da nossa integração no espírito do Cristo, nosso Mestre e Condutor, que até hoje continua conosco, rasgando os caminhos por onde deambulamos.

Homenageando o inesquecível trabalhador da primeira hora, bendizemos-lhe o nome!

E, rogando a Jesus nos abençoe, solicitamos a Ele, o Divino Mestre, permita a Allan Kardec receber, onde quer que se encontre, as homenagens que todos nós, Espíritos desencarnados e encarnados, lhe apresentamos, repetindo, em paráfrase, a palavra dos cristãos primeiros:

– "Glória a ti, Kardec! Os que creem na Vida imortal te homenageiam e saúdam!"

BEZERRA DE MENEZES
(FEB – Brasília, DF, 1º de abril de 1969).

5

NOVOS RUMOS

Espíritas, meus irmãos!

Urge que consubstanciemos, em nosso comportamento diário, a Mensagem do Cristo, a fim de que a desencarnação não nos surpreenda desatentos...

Antes ignorávamos as verdades da informação espírita e, por essa razão, caminhávamos desassisados e inquietos.

Depois, convidados pelo Mundo maior às realidades da vida, despertamos para as responsabilidades que nos convocam à correta atitude, de modo a plasmarmos no dia a dia a diretriz que nos pode libertar e conduzir com segurança.

Muitos discípulos do Evangelho, desatentos, dirão que não há oportunidade para vivermos, nestes dias, aquelas excelentes verdades, que há dois mil anos nos fascinam, sem conseguirem impregnar-nos com a necessária pureza.

Dir-nos-ão que já não se podem experimentar aqueles abençoados estados de intercâmbios espirituais, através dos quais haurimos força e vitalidade para prosseguir...

Sabemos, porém, que estes, que assim esclarecem, encontram-se equivocados.

Temos experimentado a paz da comunicação entre os dois mundos e, muitas vezes, temos conseguido fruir as

Diversos Espíritos/Divaldo Franco

mesmas consolações que no Cenáculo da *Casa do Caminho* os discípulos do Rabi galileu igualmente desfrutavam...

Para tais pensadores apressados, que também repontam em nossas hostes nos dias atuais, o Espiritismo é a técnica de investigação por meio da qual, na mediunidade, podem-se constatar as realidades do mundo extrassensorial. Quando assim não se revelam, no caráter apenas de pesquisadores bem-intencionados, estabelecem que a Doutrina Espírita é a rota filosófica para resolver os problemas e as incógnitas do pensamento que, desde *Oedipus,* aguardam novos e audazes heróis que se possam libertar da agressão da Esfinge e da sua cruel fatalidade, decifrando-a novamente...

Uma grande parte dos companheiros igualmente se deixou fascinar pelo Espiritismo e o toma como religião apenas, permitindo-se arrastar por lamentável fanatismo que paulatinamente pode conduzir, por ignorância, a uma seita infeliz, desfigurando-o em qualquer de seus nobres aspectos, como se assim desfigurado somente em uma das faces, através das quais foi apresentado pelo codificador, pudesse representar sua legítima verdade.

Nesse sentido, convém perseverarmos na conceituação sempre nova e atual da tríade divina que as *Vozes dos Céus* o revelaram a Allan Kardec: Ciência, Filosofia e Religião.

Sob todos os ângulos nos quais seja considerado, o Espiritismo é síntese do Pensamento Divino oferecido à Humanidade para a sua própria recristianização.

Contemplamos nestes dias as terríveis aflições que visitam o coração e a mente humanos; examinamos as superlativas dores que ameaçam desabar sobre a sociedade hodierna; observamos o avanço da técnica e a desorganizada correria do homem em busca de *coisa nenhuma,* e recorda-

Sol de esperança

mos as consolações prometidas por Jesus, hoje recendendo na Mensagem Espírita o seu aroma sutil, penetrando os corações, abrindo novas perspectivas às mentes indagadoras e oferecendo paisagens dantes jamais sonhadas aos nautas, incansáveis aventureiros nos mares da vida carnal.

Por essa razão, somos convocados a repetir a necessidade de corporificarmos, através do Espiritismo, as palavras de Jesus em nossa conduta diária.

Quando nos afirmam que estes são outros tempos, sentimos, sim, que mudaram as épocas, as circunstâncias e as técnicas, mas o homem continua o mesmo do passado, herdeiro de si mesmo, conduzindo sobre os ombros, nas diversas experiências carnais, o legado dos atos que o impelem a vir e voltar, encetando e repetindo jornadas através das quais busca a própria libertação das sombras da morte e do sofrimento...

Por essa razão, conjugando os diversos tempos e modos do verbo servir, avancemos.

Intimoratos, sigamos intemeratos, conquistando as terras desconhecidas do Espírito e espargindo a luz clarificadora do Evangelho sobre as próprias pegadas.

Jesus é o mesmo, hoje; o mesmo de ontem e o mesmo de sempre.

Deixemos o rol das queixas e das recriminações, as rotas negativas da própria inferioridade e levantemo-nos resolutos para o labor que nos cabe executar.

Há muitos corações que choram e mentes em desalinho que aguardam a nossa cooperação.

Não se encontram apenas nos grabatos da miséria ou nas sarjetas das ruas... As grandes maiorias desfilam no palco das ilusões e afivelam máscaras de poder, fortuna,

Diversos Espíritos/Divaldo Franco

cultura e glória... Parecem superiores e felizes, mas não o são. Apresentam-se como dominadoras, e são dominadas no imo de si mesmas... Revelam-se na condição de senhores do mundo e, no entanto, são servos de paixões subalternas...

Apiedemo-nos deles todos, nossos irmãos enganados pelas utopias e vencidos pela prosápia da própria incúria.

Ofereçamos-lhes a Mensagem Espírita, falando-lhes em linguagem compatível ao entendimento e façamos que eles sintam a grandeza da Revelação, graças à paz e à alegria interior de que nos encontremos revestidos.

Para tanto, perscrutemos as palavras do codificador e penetremos-lhes as nascentes, banhando-nos na água lustral de que se constituem.

É verdade que devemos examinar e reexaminar a Codificação Kardequiana a fim de nos aparelharmos para as grandes lides do momento. E fala-se mesmo quanto à necessidade de uma revisão em muitas partes da Doutrina, que se encontraria ultrapassada...

Sem dúvida, é imprescindível estudar o Espiritismo para apresentá-lo de modo consentâneo às necessidades desta ou daquela ordem, nestes dias de cultura, tormento e técnica...

O Espiritismo, porém, é luz e, como tal, não pode conter trevas.

Suas bases são inamovíveis.

O que ora nos parece superado é conceito que não se encontra devidamente desdobrado nem valorizado na sua real significação.

Por isso mesmo, peregrinemos pelas retortas e laboratórios, pesquisando e analisando; frequentemos as escolas de indagação e reunamos informes; busquemos a técnica,

Sol de esperança

porém, tudo estudemos à luz do Espiritismo, em cuja fonte há linfa para a sede expressiva de que nos encontremos possuídos e da qual sejamos instrumento...

... E sirvamos infatigavelmente...

Seja nosso o salário do suor e da dedicação.

E levantando bem alto o lábaro da *caridade*, renovemo-nos no *trabalho* edificante, agindo com *solidariedade* ampla, nova, constante e, através da *tolerância,* avancemos sem cessar, até o momento da nossa libertação em plenitude de paz.

Os rumos são o desdobramento das velhas e permanentes diretrizes do amor e do estudo, para que o amor nos felicite as horas e o estudo nos ilumine a consciência, na direção de Jesus, aquele a quem temos a honra de servir.

GUILLON RIBEIRO
(FEB – Brasília, DF, 4 de outubro de 1970).

6

ATUALIDADE DO ESPIRITISMO

Enquanto esmaecem na História os nomes de homens que se celebrizaram pelos conceitos que emitiram na sua época e estavam equivocados; não obstante sejam diariamente refutadas afirmações de ordem científica e de caráter filosófico pela avalanche dos descobrimentos novos; apesar de desmentidas muitas informações do conhecimento, graças às averiguações da pesquisa moderna; conquanto se sucedam os resultados de elaborações audaciosas no campo das investigações incessantes que visam a estabelecer diretrizes de segurança para o pensamento contemporâneo, assim desconsiderando comprovações apressadas e empíricas do passado, os atuais cientistas que se adentram nas doutrinas psíquicas e parapsicológicas defrontam hoje com as mesmas realidades constatadas há mais de um século por Allan Kardec, o insuperável codificador do Espiritismo.

Possuidor, o mestre, já no seu tempo, de elevado espírito crítico e dotado de seguro senso de observação, ele estava largamente preparado para a tarefa na qual se empenhou e cujos resultados foram apresentados na síntese magistral que é a Doutrina Espírita.

Diversos Espíritos/Divaldo Franco

Amadurecido na faina da cultura e do trabalho, acostumado ao estudo sistemático e constante, caracterizado por um temperamento frio e científico, quando se encontravam em jogo os princípios éticos e culturais da Humanidade, Allan Kardec não se permitiu perturbar pelos preconceitos da sua época ou por sugestões de qualquer natureza, pela insensatez de uns ou pela ignorância de outros... Encetada e aceita a tarefa que o inscreveria indelevelmente nos registros da Imortalidade, não se concedeu repouso nem glórias, preferindo o gabinete do investigador consciente e insaciável na busca da verdade, aos palcos de ligeira ovação social.

Arguiu, com rigorosa e metódica insistência, Espíritos e médiuns, comparando informes e selecionando afirmações, para somente acatar aquelas instruções que pudessem gozar de universalidade quanto ao ensino, destacando-se pela excelência da lógica no conteúdo e através das resistências que suportassem no acirrado dos debates e das refutações sistemáticas.

Nos dias de Charles Darwin e Alfred Russel Wallace; na hora de Paul Broca; no momento de Kraepelin, que se propôs estabelecer as bases da Psiquiatria, construindo uma ciência nova; quando Guilherme Griesinger terminara de erigir os dois princípios da Psiquiatria mesma, para esclarecer as desordens mentais, que merecem ser classificadas, a princípio, para depois tratadas, buscando-lhes as fontes nas doenças e distonias dos órgãos, a Ciência Espírita, firmada na revelação dos Espíritos e confirmada pela averiguação dos fatos, apresenta-se válida, desde então, para auxiliar a elucidar um sem-número de problemas e dificuldades que enfrentariam os estudiosos honestos da *psique humana*.

Sol de esperança

Até Kardec, a Medicina, em linhas gerais, não fora além das lições de Galeno, Hipócrates e Aécio, gozando a *doutrina dos* "humores" de relevante prestígio. Naquele período, todavia, surgiram os nobres investigadores que lhe ampliaram o campo, tais Semmelweis, Metchnikov, Broca, Löeffler, Virchow, Pasteur, Lister... ensejando melhor e mais profunda compreensão da vida humana nas suas múltiplas manifestações.

Com as admiráveis contribuições de Broca, no *Hospital de Bicêtre*, quando, estudando a *afemia* no anônimo *Tan* e, mais tarde, pesquisando no seu cérebro morto a "lesão cerebral progressiva", que o invalidara, realizou a dissecção nos labirintos encefálicos, penetrando lobos, circunvoluções, nervos e sulcos, conseguindo modificar, desse modo, a opinião generalizada a respeito das *bossas cranianas*, às quais os frenologistas atribuíam a localização de inúmeras faculdades...

Começou então o infatigável labor de encontrar a *alma* nos gabinetes de pesquisas. Surgiram os magnetizadores, os *braidistas*, os hipnologistas, e, com Charcot e Bernheim, apareceram os *histéricos* e os *sensitivos sadios* capazes de receber sugestões... Aparece de imediato Brown-Séquard, que, apoiando-se nos conceitos filosóficos do sistema nervoso, antes apresentados por Charles Bell, e por meio da "ablação das cápsulas suprarrenais" dos animais, supõe encontrar a "glândula da juventude", tornando-se um dos pais da Endocrinologia, não obstante estivesse enganado no seu processo de rejuvenescimento... Logo depois, Hughings Jackson, emocionado, brada: "Eu darwinizei a Neurologia". John Jacob Abel, em seguida, mediante experiências valiosas, torna-se o pai da Farmacologia, e se ampliam as possibilidades da saúde para o homem na Terra.

As ciências psíquicas viajam posteriormente de Paris, abandonando a *Salpêtrière* e seguem rumo a Viena, onde Freud estabelece novas e audaciosas leis para explicar as distonias nervosas e os desajustes emocionais.

O campo, porém, eivado de dificuldades tem ainda abrolhos cruéis: a ignorância supersticiosa, a presunção acadêmica e o cinismo céptico que se espraiam dominadores em quase toda parte.

Simultaneamente pululam evocações orientalistas e ressurgem, no mesmo período, lições da Antiguidade, arrancadas dos mistérios. As religiões, empobrecidas e desinteressadas da problemática da *alma humana*, marginalizam-se, e diatribes ferozes são atiradas nas salas de estudos e nas classes de indagação filosófica contra os novos pesquisadores...

Tendo-as examinado, porém, com elevada imparcialidade e recolhido o útil e o aproveitável que se encontravam no emaranhado das fórmulas e ritos das velhas "ciências esotéricas", o apóstolo do Espiritismo, sob a superior governança dos excelsos mensageiros, situou o Espírito no seu devido lugar, engastando-o na galáxia da vida imperecível e respondendo, com a dinâmica do pensamento espiritista, as questões do passado, as indagações do presente e as inquietações do futuro...

Hoje, quando a Psicologia e a Psicanálise, a Psiquiatria e a nova Psicossomática defrontam os graves distúrbios da alienação por obsessão, veem ruir os argumentos do *subconsciente,* do exorbitado *sexo freudiano*, dos vários *complexos de Édipo* e similares, acreditando estar diante de enigmas que empurram os pacientes para as clássicas veredas da demência irreversível, da esquizofrenia irreparável...

Sol de esperança

Ressuscitando Jesus, no entanto, o Espiritismo abriu as portas para a restauração da paz nos obsidiados de vário porte e iluminou com nova e fascinante luz os escaninhos da personalidade humana. A mediunidade recebeu dignificação e passou a veículo de enobrecimento, facultando auspicioso organismo para estudos incessantes e valiosos.

Destarte, com o esmaecer e o apagar de muitas luzes do passado, ante a esplendente claridade dos novos conhecimentos, o Espiritismo mais se afirma e se agiganta, fixando fundações no solo das ciências modernas, quais marcos da melhor época, e Allan Kardec assume, concomitantemente, o lugar de nauta intrépido, vencedor de mil procelas, graças aos descobrimentos realizados no país da alma humana atormentada, que se liberta, por fim, da ignorância e prossegue na direção da paz ilimitada.

Antônio J. Freire
(Lisboa, Portugal, 28 de julho de 1970).

7

FLASHES

—O mal aqui tem procedência nos próprios confrades, que são muito desunidos entre si. Cada grupo, constituído por quatro a seis pessoas, fecha-se em isolamento para evitar novas adesões, e, normalmente, assacando penosas acusações recíprocas.

— O meu amigo é adepto do Espiritismo? Frequenta algum grupo?

— Claro que sou espírita convicto e dirijo um pequeno grupo formado por pessoas de muita responsabilidade. Nossas sessões são as melhores desta cidade. Por isso conheço essa gente...

— Tem procurado confraternizar com os demais adeptos, abrindo as portas do seu grupamento a outros candidatos?

— Evidentemente que não. Esse pessoal não quer nada; é implicante, perturbado e seria capaz de levar denúncias às autoridades. Não seria eu a arriscar-me...

✸

— Tudo pronto para a conferência?

– Estamos envidando os maiores esforços, todavia não conseguimos, ainda, a competente autorização do Governo Distrital para a sua realização.

– A culpa é sua, porém. Por que não me falou? Sou muito amigo do governador, sou relacionado...

– Eu ignorava. E o amigo sabia dos contatos que estamos tentando manter para lograr licença para essa conferência de tão salutares resultados para o nosso Movimento aqui?

– Sim, sabia...

– E por que não se ofereceu para ajudar-nos?

– Bem, eu não quero comprometer-me. Tenho família...

❂

– Gostaria que o Senhor me desse uma prova material da existência de vida noutros planetas. Sou estudioso do Espiritismo, mas tenho cá minhas dúvidas.

– A lógica, a razão e as informações dos modernos astrônomos, a par das revelações dos Espíritos, constituem valioso material probante da pluralidade dos mundos habitados.

– No entanto, eu queria provas materiais.

– E tem-nas o amigo, de modo a oferecer-m'as em sentido negativo?

– Não, não existem...

❂

– Tortura-me a dúvida sobre a mediunidade. Todos os que aqui se apresentam como médiuns, na minha opinião, são mistificadores.

Sol de esperança

– Conhece, o meu irmão, a mecânica do fenômeno mediúnico?

– É óbvio. Sou médium de excelentes possibilidades...

❁

– A polícia programa uma perseguição em massa aos espíritas. A chamada "Lei de Liberdade Religiosa" é uma farsa. Estou muito preocupado. Vocês se acautelem.

– É você militante das hostes espíritas?

– Não. Nem quero meter-me nisso...

– E por que a preocupação?

❁

Pessoas, opiniões...

Se tens fé no Cristo e te encontras tocado pelas Suas lições, que ora te chegam através da informação espírita, não te preocupes com os derrotistas, os inimigos gratuitos da tua paz. Aconteça o que acontecer, cumpre com o teu dever, fazendo o que deves fazer, confiando no Amigo Divino que te conhece e a quem começas a conhecer também.

IGNOTUS
(Lourenço Marques, Moçambique, 14 de agosto de 1971).

8

ORAÇÃO

Senhor!

No santuário do lar, recordando a tua sábia conduta no abençoado reduto doméstico, nós, os discípulos imperfeitos da tua Mensagem de Luz, erguemo-nos para rogar em favor das nossas lutas:

Ajuda-nos a amar, embora a aflição de que nos sentimos objeto.

Ensina-nos a servir, apesar dos desencantos que acumulamos.

Oferece-nos inspiração para as atividades, mesmo em face do cansaço ou do desespero que nos esmagam.

Doa-nos a alegria, conquanto as chuvas de fel nos atormentem.

Instrui-nos no serviço do bem, mesmo com as feridas não cicatrizadas das lutas renhidas.

Levanta-nos para prosseguir e perseverar!

Não somos outros Espíritos...

Somos os dilapidadores da paz alheia, envergando roupagens novas.

Diversos Espíritos/Divaldo Franco

Somos os algozes do passado, travestidos de vítimas no presente.

Somos os inquietadores, agora inquietados.

Somos os semeadores da discórdia, colhendo cardos.

Somos os pomicultores da usura nas mãos da necessidade.

Recapitulamos para aprender, recomeçamos para crescer.

Ainda ontem, ouvindo tua voz, desertamos do dever, e, dizendo-Te servir, distendemos a impiedade e a perturbação...

Hoje, porém, libertados da imprudência, levantamo--nos para a vida.

Sê nossa rota, nossa luz, nosso bastão.

Senhor, sustenta a nossa fragilidade e apiada-Te de nós!

MARCELO RIBEIRO
(Rio de Janeiro, RJ, 27 de julho de 1967).

9

HOJE COMO ONTEM

Como poderia Israel recebê-lO ou compreender-Lhe a Mensagem?!

Aguardado como o Libertador, ninguém lhe aceitaria a procedência apagada e o nascimento singular: numa estrebaria!

Anunciado pela boca profética, séculos a fio, e esperado pela doença do orgulho de todo um povo ambicioso que pretendia dominar o mundo temporal, soariam estranhas Suas palavras quando se reportava a outro Reino, aquele que não é deste mundo.

Sonhado como o Portentoso, cujo sólio resplendente estivesse acima de todos os reis da Terra, Ele tomou de uma toalha e, cingindo-se com ela, lavou os pés dos discípulos e os enxugou, logo depois.

Cobiçado na personificação de hediondo disseminador de guerras, Ele se revestiu de mansuetude e saiu espalhando as "boas-novas de alegrias" e de paz.

O Seu nome, que soava nos lábios das ansiedades qual o de um deus prepotente e cruel, poderoso, a ponto de ser impiedoso e destituído dos sentimentos da misericórdia e da compaixão, fê-lO identificar-se como o disseminador da esperança e da paz, e toda a estrutura em que se fixavam os alicerces da sociedade do futuro, por Ele preconizada, tem como cimento divino o amor indiscriminado.

Vislumbrado entre os príncipes terrenos que Lhe fariam corte de respeito, exaltando-Lhe a supremacia, deixou-se acolitar pelo poviléu esfaimado e triste, em cujo grupo predominava a aflição por enfermidades físicas, morais e psíquicas, pelo abandono e pela miséria – um magote de desprezados, párias sociais, cujos lamentos encontravam acústica na Sua alma e complacência na Sua magnitude.

Colocado frente a frente com o enganado reizete, muitos ainda esperavam que Ele se desvelasse e o esmagasse, dando início à revolução violenta em que o sangue dos vencidos servisse de adubo para a nova comunidade; no entanto, veem-nO ali mergulhar em profundo cismar, contemplam-nO *dominado*, silencioso... E como se não bastasse essa humilhação, balouça, logo mais, na cruz odienta, qual chama bruxuleante que tremeluz e logo se apagará...

Mas que não se apagou.

❖

Israel não poderia entendê-lO, nem aceitá-lO!

E durante muitos séculos não O entenderam, nem O aceitaram, aqueles que se diziam seguidores da Sua Doutrina.

Guardando as lembranças de ambições recalcadas e sonhando os pesadelos do engodo que leva o homem à loucura da dominação de fora, ergueram-nO em tronos dourados e colocaram-nO à frente dos exércitos, como se as Suas mãos edificadoras, sempre postas a serviço do ministério da

Sol de esperança

caridade, pudessem empunhar uma espada ou acender o pavio de uma bomba!...

Não obstante a Sua procedência divina, teimaram por fazê-lO rei exclusivo de grupos e classes privilegiadas pela ilusão da carne, esquecidos do quanto reiteravam Suas palavras a respeito do Reino de Deus. E, não poucas vezes, a sandice de alguns apaixonados pelo mundo físico utilizou o Seu nome para bênçãos e maldições, escarnecendo os oprimidos e ignorantes, os abandonados e os enfermos, exatamente aqueles para os quais Ele dera os mais acendrados testemunhos de ternura e compreensão, lenindo-lhes as ulcerações e amenizando-lhes as dores superlativas, que carregavam de seu pretérito recuado e culposo...

Mestre por excelência, que permutava o convívio dos déspotas e governantes para descer a iluminar os escaninhos da consciência popular, esclarecendo e lecionando com sabedoria, foi utilizado como inimigo da cultura e perseguidor implacável do estudo e da pesquisa libertadora.

Ainda hoje não Lhe compreendem as lições, nem O seguem, aqueles que se dizem Seus discípulos.

Buscando-O, embrenham-se no matagal das paixões em que se demoram.

Acostumados ao cultivo da impiedade, hoje como ontem, refugiam-se tais sicários na fé, que certamente não esposam, ou, quando muito, permitiram-se enlouquecer sob a inspiração da crença, prosseguindo na sementeira do ódio impeditivo da paz. Desse modo, arregimentam argumentação parasitária para impossibilitar que se projetem as mensagens da esperança nos calabouços em que esmagam mentes e corações, iniciativas de progresso e esforços de felicidade.

Diversos Espíritos/Divaldo Franco

Escudados no Cristianismo, fazem hoje com os homens o que fizeram outros homens, no passado, com os lídimos cristãos.

❂

Conquanto a vigorosa informação de Além-túmulo sobre as realidades da imortalidade do Espírito sobrevivente à dor, à morte, à destruição, inaugurando o começo de uma Era de Espiritualidade legítima, conforme anunciada por Ele, empenham-se tais homens nos combates externos, contínuos, exaustivos, com a visão turbada pelas paisagens de sombras nas quais jornadeiam. Todavia, um pouco acima do vale por onde seguem trôpegos e contraídos, brilha a luz da libertação interior, e o Amigo Divino espera, confiante, aqueles que, sofrendo e suportando agonias sem-nome, amam e servem inspirados pelo Espírito consolador.

Fascinados pela Sua tolerância incondicional, apresentam-se ainda irritadiços, melindrados, magoados; tocados pela Sua fraternidade, combatem, aguerridos, os próprios companheiros e disseminam, maledicentes, informações infelizes que produzem desídia e separação; deslumbrados pelo Seu amor total aos homens, impõem condições para o afeto e não raro se utilizam dos sentimentos superiores, que brotam das fontes do Espírito como linfa refrescante, para os turbar com os tóxicos dos desejos infrenes; felicitados pela mensagem de pacificação que em toda a Sua Doutrina se exterioriza, conclamam à harmonia e dividem, consolam e apontam imperfeições, esquecidos de esquecer todo o mal e somente colocar em pauta o bem, a refletir-se como esperança para o futuro. E não faltam os que, procurando Sua misericórdia e justiça, amor

Sol de esperança

e caridade, aspiram às posições de relevo ao lado de César, entorpecidos nos centros da humildade, prosseguindo entre os tormentos da posse transitória e do brilho terreno...

❂

Israel não poderia recebê-lO, naqueles dias!

As sementes de luz, porém, que Ele plantou confiando no futuro começam a brotar num seminário de inefáveis esperanças no momento em que se instalam nos corações os alicerces do amor, sobre os quais se fixarão os pilotis do Reino da Paz e da Concórdia, desde há muito aguardado.

AMÉLIA RODRIGUES
(Madri, Espanha, 31 de julho de 1970).

10

TODOS IRMÃOS

Grupos híbridos que se afinam pelas extravagâncias, arrimados nas limitações em que se comprazem, produzindo insânias várias.

Moles heterogêneas em afã desesperado, entrechocando-se na defesa dos interesses que disputam nem sempre honestamente.

Famílias dilacerando-se em violentas pelejas, vitimadas por animalidade subalterna.

Formalismos da aparência, em crescente indiferença por acontecimentos e pessoas, produzindo frieza do sentimento e da emoção, são substituídos paulatinamente pelo desamor que a todos vitima.

Manchetes sensacionais mantendo o clima dos descontroles íntimos no açular das notícias estarrecedoras que já não produzem comoção.

Homens desagregados uns dos outros, separados por grupos étnicos, conluios econômicos, associações criminosas, clãs de rebeldia, movimentos de sublevação da ordem, ajuntamentos desportistas que se detestam reciprocamente, forças da beligerância, irmanados apenas por um fator: poder! E, disfarçados, multiplicam-se os poderes: jovem, negro, branco, índio, econômico, militar, com chamamentos e dísticos de paz, urdindo lutas dolorosas, em que as legítimas aspirações da ordem e da beleza são renegadas pela ânsia de serem estabelecidos os novos valores.

... E não há faltado em tais cometimentos o poder do amor em detrimento da guerra, através de cujas façanhas o sexo espicaçado, nas expressões do instinto puro e simples, produz alucinações graças às conexões infelizes e aos conúbios que articula...

Argumenta-se, porém, que sempre foi assim, elucidando-se que o progresso tem modificado favoravelmente as estruturas múltiplas da vida terrena, facultando abençoados frutos para o homem.

Sem dúvida, as conquistas humanas e sociais, técnicas e assistenciais são relevantes.

O espírito de justiça vige nas leis dos povos modernos; as entidades internacionais vigiam e interferem ante arbitrariedades de governos desalmados; auxílios recíprocos, entre os povos, atendem aos problemas capitais das nações; fronteiras se abrem favoravelmente; mercados comuns defendem interesses iguais... Não obstante, há muita dor, crescente aflição, inumeráveis sofrimentos vitimando homens e povos, por consequência da frigidez espiritual existente no mundo.

Jesus parece esquecido!

Uns jovens tomam-nO como revolucionário e transformam-nO em fantoche para acobertar as suas loucuras. Outros aceitam-nO como solução simplista e dizem-se-Lhe afeiçoados, alargando o campo aberto das aberrações como *crentes novos*.

Sol de esperança

Os religiosos tradicionais, simultaneamente, aferram-se às formas e, ante as tentativas de atualização da Doutrina Cristã à fraternidade, à pobreza, à humildade, engajam-se no comboio da *novidade,* desde que lhes não custem os esforços da renovação íntima ou do sacrifício, permanecendo o código a que se filiaram em posição predominante...

Todavia, o Evangelho, na claridade de seus ensinos, não permite dubiedade, interpretação errônea, acomodação parasitária.

Disse Jesus:

"Eu sou a porta." Somente através d'Ele o homem encontrará a via de segurança.

"Eu sou o caminho." Apenas seguindo as Suas pegadas e fazendo qual Ele o realizou, o homem se encontra em paz.

"Eu sou o pão da vida." Exclusivamente se nutrindo do alimento sadio da Sua palavra e dos Seus exemplos, o homem se abastece.

"Fazer ao próximo o que se desejar que ele lhe faça." Só na vivência do reto dever para com o seu irmão o homem se integra na família da fraternidade universal.

"Dar a capa a quem pede a manta. Marchar dois mil passos ao lado de quem pede seguir mil." Unicamente pela prática da caridade o homem se realiza, lobrigando a plenitude do amor com que Ele a todos nos ama.

Não há como tergiversar, sofismando ou fugindo às elevadas proposições evangélicas.

Todos irmãos, sim, em jornada ascendente, na qual nos devemos dar as mãos em auxílio recíproco nesta ingente luta pela redenção.

O Espiritismo, por sua vez, confirmando tudo quanto o Senhor enunciou, elucida, mediante as lições clarificadoras da reencarnação, que apesar de diversificados pelos múltiplos graus evolutivos, em nascimentos e renascimentos purificadores, somos todos irmãos no árduo esforço de crescimento interior, perseguindo a perfeição que nos está destinada.

JOANNA DE ÂNGELIS
(Johannesburg, África do Sul, 12 de agosto de 1971).

11

JUVENTUDE

Todos sabemos que a juventude no corpo somático pode ser considerada um amanhecer; todavia, é mister receber a madrugada da esperança com harmonia interior, a fim de que a esperança não se converta em taça de conteúdo ácido ou amargo.

Juventude é também entusiasmo. No entanto, quando o entusiasmo não frui a condição da experiência, transforma-se em loucura e anarquia.

Juventude é bênção. Entretanto, conduzida pela indisciplina, deixa-se arrastar a lamentáveis perigos.

Juventude é porta de serviço. A porta, porém, que jaz aberta, ao abandono, transmuda-se em valhacouto de salteadores e vagabundos.

Juventude é igualmente o amanhã. Não obstante, se o hoje não se edifica sobre os alicerces das ações superiores, o porvir surge assinalado pelas sombras dos remorsos e arrependimentos tardios quanto inoperantes.

Assim, convém joeirar desde hoje o solo do futuro com as ferramentas da ação nobilitante. Indispensável agir dentro da tônica do Evangelho Restaurado, a fim de que as emoções não desçam ao padrão das sensações primitivas, nem a inteligência venha a jazer subalterna, sob os implementos e impositivos das constrições do passado.

O espírita é alguém que encontrou a rota. Após a achar, não se pode permitir a posição insensata ou frívola de quem não persegue *coisa alguma*, anulando-se nas ações intempestivas e desastrosas.

O espírita é o ser que descobriu tesouros inapreciáveis, não se podendo permitir a veleidade de atirar fora as preciosas gemas auríferas das oportunidades não fruídas.

Inadiável o dever de seguir e viver o Evangelho puro de Nosso Senhor Jesus Cristo, na sua beleza e seriedade primitivas, conforme os impositivos estabelecidos pelo próprio Rabi Galileu, que até hoje trabalha em regime de tempo integral, a favor da nossa libertação triunfante.

Jesus, hoje, é o mesmo de ontem, ensinando-nos o comportamento austero em face das grandes concessões da corrupção hodierna e dos desajustes de toda ordem que campeiam vitoriosos.

Não nos equivoquemos, nem realizemos a experiência espiritista como se nos encontrássemos sob a compulsória de leis irreversíveis, dominando nossa ignorância. Assumimos um compromisso voluntário antes do berço, responsabilizando-nos pelo desfraldar da bandeira da Boa-nova, numa Humanidade sedenta de paz, bem como concordamos em reacender a tocha do Evangelho Vivo, no momento em que dominam as sombras da perturbação, facultando ao homem entrar em colapso, não obstante as suas conquistas técnicas.

Este momento é, portanto, de integração no espírito do Cristo.

Não negaceemos ante o dever; não regateemos esforços.

Integremo-nos na ação libertadora e marchemos intimoratos e intemeratos, na certeza de que Jesus marcha conosco, esperando que cumpramos com o nosso dever.

Juventude! O meio-dia começa nos primeiros minutos após a meia-noite, assim como o futuro corre mediante as rodas do presente. É necessário calçar as sandálias da humildade e plasmar, no Espírito que tem sede de amor, o código da equidade e da justiça, a fim de que o arrependimento tardio não assinale as horas futuras, após a impulsividade ou a intemperança.

Avancemos, portanto, servindo, amando e instruindo-nos, porque se o serviço fala da qualidade das nossas convicções, se o amor nos desvela os sentimentos e a instrução nos conduz aos píncaros da sabedoria, só a caridade, como consequência, são as mãos do Cristo, transportando-nos à montanha da sublimação evangélica, onde nos integraremos no vero ideal da felicidade que perseguimos.

EURÍPEDES BARSANULFO
(Ribeirão Preto, SP, 13 de março de 1971).

12

LAMENTAÇÃO

Roma dos deuses pagãos!
Roma dos mártires cristãos!
Roma de novas e muitas paixões!...
No tumulto das tuas ruas, vencidas pelos dias ciclópicos da atualidade, as novas indústrias do turismo internacional colorem tua paisagem cinza-parda com tintas fortes e exibem da fauna humana os espécimes mais sofredores e atormentados, excitados pelas fantasias da propaganda bem-urdida, que desfilam em enganosas vitórias, como fizeram os teus soldados no passado...

Inutilmente, buscas reviver as glórias pretéritas, ora imortalizadas no mármore, no granito, no bronze, ou impressas em pergaminhos amarelecidos, quanto duradouras nos tesouros empoeirados...

Contas aos visitantes atônitos a História e estórias, e eles, na voragem da pressa e do desinteresse que têm por tudo, preferem as narrativas imaginosas e românticas às informações legítimas sobre os homens e as mulheres que no teu solo, um dia, tentaram consolidar o amor e a verdade no seio da Humanidade...

As tuas colinas célebres e o teu decantado rio Tibre mudaram pouco nestes muitos séculos. Não poucas vezes reverdeceram as terras com o suor dos cativos e o sangue dos soldados, nas batalhas incessantes que travaste através deles para sobreviver.

Exibes tudo e tudo devassas...

A peso de ouro, arqueólogos e historiadores te redescobrem para revender-te aos bulhentos passantes, quase com desconsideração pelas tuas conquistas.

Importas loucuras e exportas sandices.

Onde antes se elevavam hinos de fidelidade e gratidão a Deus, onde se derramavam lágrimas de fervor e se mantinham sublimes colóquios com o Senhor, a bulha dos gárrulos visitantes e a voz extenuada dos guias pouco fiéis aos fatos soam agora em algazarra estranha.

Que fizeste do Cordeiro cujo amor um dia se derramou pela tua cidade e se espraiou na direção do mundo?!

Onde colocaste Deus?!

Por que abafaste as melodias dos mártires com a gargalhada ensurdecedora das tuas ambições?!

Constantino e Helena, os dominadores temporários, encheram-te de símbolos e sinais, lembranças e objetos que consagraste, tomados à Palestina pela força, mas nublaram as visões da Imortalidade, desde então, quase a ocultando.

Saquearam templos e altares dos antigos deuses da tua rica mitologia e com as suas pedras e tesouros ergueram novos *domos* e catedrais e outros altares, criando, igualmente, estranhos deuses para os governar...

E Deus? Quiçá O expulsaram!

Muitos séculos depois, a França dos enciclopedistas e dos revolucionários de 1789, enlouquecida, também exi-

Sol de esperança

lou Deus e entronizou a deusa Razão... Tu lhe devolveste, porém, a pedido dela, os teus deuses, através da concordata de Pio VII com Napoleão. E assim fizeste porque já não O tinhas mais...

A França, depois, recebeu Allan Kardec, que O desvelou ao mundo moderno, e a Mensagem que d'Ele vem pela Nova Revelação ressuscita os *mortos* que já não dormem nas tuas catacumbas e convoca os *santos* que desceram dos teus altares para caminhar pelo mundo, em nome de Jesus, cuja lição deslustraste ou esqueceste.

Ante os escombros nos quais a irrisão da ganância exibe espetáculos de grosseiras ignomínias, disfarçadas de modernismos diante dos teus palácios e igrejas, eu, deste monte, revejo Jesus a fitar com tristeza a Jerusalém do passado que O não recebia, e recordo-me das Suas palavras:

– *"Jerusalém, Jerusalém, que matas os profetas e apedrejas os que te são enviados! Quantas vezes quis eu ajuntar os teus filhos, como uma galinha ajunta os do seu ninho debaixo das asas, e tu não quiseste!..."*

"Em verdade te digo que não ficará aqui pedra sobre pedra que não seja derrubada."

É que, semelhante a Jerusalém, o teu poder e as tuas conquistas, os teus museus e esplendores não são para "a maior glória de Deus", conforme afirmas, mas para a tua já duradoura, porém ainda efêmera, glória, que se acaba quando começam estes dias do Consolador prometido por Jesus para a Humanidade sofredora de todos os tempos do futuro.

...E enquanto lamento, parece-me rever Jesus, numa paisagem de muita tristeza, em tuas terras, como a repetir singular história do pretérito, avançando com firmeza e decisão.

Diversos Espíritos/Divaldo Franco

– *Quo vadis, Domine*?! – pergunto-lhe.

– *Saio de Roma para morrer pelos homens outra vez, longe daqui!* – responde-me Ele.

Roma dos deuses!...

VIANNA DE CARVALHO
(Roma, Monte Aventino, Itália, 8 de agosto de 1970).

13

Sublimação

O homem é qual mármore bruto, e Jesus é o Sublime Escultor.

Para que a obra ideal – a sublimação – seja extraída da pedra grosseira, o escopro lhe penetra e o cinzel a fere fundamente, modificando-lhe os contornos a golpes incessantes.

Desgasta-se por fora o bloco resistente para surgir a forma integral de dentro.

Dilui-se, esplendendo triunfo.

O *ser* vencendo o *não ser*.

O Espírito superando o corpo.

A intuição além da inteligência.

A inspiração acima do desejo.

A vitória da realidade sobre a aparência.

Às Divinas Mãos o homem se deve entregar confiante, em submissão tranquila, permitindo-se aprimorar até o instante em que, conquistando o exterior, o íntimo espiritual se alce livre à plenitude, num transporte de ideal perfeição.

Diversos Espíritos/Divaldo Franco

Sublimação é esforço de autossuperação, em doação total a Jesus Cristo pela alegria de amá-lO e servi-lO na Humanidade.

Para esse fim, as renúncias superiores, os sofrimentos resignados e as aflições bem-aceitas constituem as ferramentas de trabalho de que se utiliza o Estatuário Celeste para extrair do coração ensombrado a luz da esperança e do homem atormentado em si mesmo o anjo da tranquilidade... Não que somente assim possa fazê-lo, considerando-se que o amor – o excelso buril – realiza também a tarefa, conseguindo o mesmo êxito.

Fugitivos, porém, do passado, no qual nos desajustamos ante a Lei Divina, acumpliciados com o crime e o engano em corridas de irresponsabilidade, renascemos para resgatar, recomeçando as lutas para acertar, sob a vigilante presença do sofrimento em função purificadora, em benefício de nós mesmos.

Aspirando às conquistas do amor, apenas ensaiamos os primeiros passos.

Como, porém, nas atuais circunstâncias humanas amar é sofrer, eis que a santificação pela dor em dinâmica de amor prossegue ajustando medidas e cinzelando contornos para a conclusão da obra majestosa: sublimação!

CATARINA DE SIENA
(Siena, Itália, 7 de agosto de 1970).

14

PERSEVERANÇA NA LUTA

Não, não vos inquieteis nem desanimeis ante as lutas afligentes do caminho redentor.

Afeiçoai-vos ao arado das provações, colocando o óleo do sacrifício nas suas engrenagens para que a terra da renovação seja sulcada sem cessar, oferecendo campo para as sementes de luz, na construção do bem eterno no âmago dos corações.

Enquanto jornadeamos nas sombras do corpo, amparados pelas oportunidades de serviço, não valorizamos em toda a sua significação a dádiva do sofrimento. Cada percalço, cada frustração, quando sabemos superar, transforma-se em bênção de inestimável valor que se incorpora ao patrimônio do nosso Espírito.

Lutar, portanto, é a honra que nos cabe disputar.

Convidados por Jesus ao labor intransferível da sublimação, não regateemos as moedas do esforço iluminativo, de modo a atestar-Lhe fidelidade e devotamento.

Muitas vezes, a serviço da Sua Doutrina, somos defrontados pelos débitos do pretérito que ressurgem com o grave aspecto da aflição e lamentamos a necessidade de lapidar o Espírito com os instrumentos do sofrimento...

Infortúnio e desassossego nos parecem letras de débitos em regime de cobrança urgente. Ansiedade e desconforto assumem papéis de valioso cobrador. E avançamos assinalados, não poucas vezes, por tristeza incoercível que nos tolda a face e espezinha os melhores sentimentos.

Hoje, aficionados do Espiritismo libertador que nos convoca à antemanhã do porvir, encontramos o fardo das provações que logo cai sobre os nossos ombros e nos pesa amargamente.

Gostaríamos de fruir as concessões da oportunidade facilitada, do bem cômodo e da alegria contínua.

Somente conseguimos porfiar de ânimo robusto por possuirmos o lenitivo da consoladora certeza imortalista.

Convém, no entanto, não esquecer, à guisa de ilustração sempre necessária, que o Príncipe Divino, quando veio ter conosco, escolheu uma noite silenciosa de estrelas refulgentes para começar o Seu Ministério numa casa reservada aos animais, de modo a honrar a simplicidade e a humanidade, elegendo-as como símbolos característicos da Sua tarefa – insígnias insuperáveis do Seu amor a desdobrar-se pela Terra inteira... E era o Excelso Filho de Deus!

Não se resguardou sob um nome principesco da Terra, nem se deixou amparar pelos representantes das *águias* dominadoras do império de César, ensinando com discrição a técnica sublime da ascensão – o amor incondicional –, com desdém às coisas efêmeras. Logo depois d'Ele, os Seus discípulos afervorados à Verdade igualmente não se permitiram o suborno dos homens poderosos para lhes facilitar a tarefa de extensão do Reino de Deus entre as criaturas...

Sol de esperança

...E quando mais tarde os lidadores da Boa-nova se consorciaram com os triunfadores do mundo, a Mensagem perdeu o aroma evangélico que impregnava os corações e mantinha os Espíritos, qual fosse o oxigênio sublime da vida...

Não vos afadigueis, pois, ante as ásperas provações.

Tende coragem e avançai!

O caminho daquele que aspira à plenitude da paz interior e da alegria espiritual se faz, compreensivelmente, assinalado pela constante da ação dos instrumentos lapidadores das arestas e imperfeições que afeiam o Espírito, após o que, aprimorado e sem jaça, qual diamante, filtra a luz da Verdade, tornando-se gema de rara beleza.

Os verdadeiros heróis e os legítimos operários da vida estão sempre assinalados pelas feridas da luta redentora: condecorações valiosas que lhes atestam a intensidade do combate, o valor da dedicação no campo em que funcionaram desvelados.

Aqueles que passam tranquilos, armazenando sorrisos, espalhando bonomia ou insensatez ainda não conheceram de perto as experiências sublimantes, caminhando para encontrá-las mais tarde.

Não os invejeis, não lhes cobiceis os lauréis.

Tomai por modelo os anjos da renúncia e os mártires da caridade e do sacrifício pessoal: conheceis a mensagem vigorosa da imortalidade. Vivei-a no silêncio de todas as horas, embora experimentando apodos, desdéns, vergastadas da ironia e da calúnia.

Perseverai na luta com desassombro!

O que hoje vos pareça sombras, amanhã será claridades no vosso dia infinito. E aqueles que se vos fizeram inimigos ou cobradores que enlouqueceram em plena tarefa,

Diversos Espíritos/Divaldo Franco

logo mais vos parecerão benfeitores anônimos, que em nome da Justiça Divina vos alcançaram, de forma que vos libertaram das matrizes pretéritas da dor e da amargura...

Prossegui com Jesus, o libertador de todos nós, fiéis até a morte, pois que *"morrendo é que se vive para a Vida eterna."*

JACQUES ABOAB
(Rio de janeiro, RJ, 7 de janeiro de 1970).

15

INDULGÊNCIA

À medida que o homem evolui, moral e espiritualmente, torna-se indulgente.

Compreende melhor os problemas e dificuldades dos outros, concedendo um crédito de oportunidade aos que ainda sofrem limitação e se demoram na intolerância, por saber que áspera é a autossuperação, através do constante esforço pelo aprimoramento íntimo.

A indulgência, porém, não é fraqueza, tampouco conivência com o erro, como a muitos pode parecer numa observação superficial. Ao revés, a sua prática exige valor moral, que se traduz como potencialidade de controle para reagir aos impositivos tenazes do instinto que por nonadas impele o homem, quase sempre, a atitudes arbitrárias e violentas.

O exercício da indulgência impõe elevada dose de compreensão e equilíbrio, mediante a aplicação da paciência, sua dileta irmã, a fim de colimar os resultados a que se propõe.

Diante de alguém que nos recebe com frieza, ou nos trata com mordacidade, ou finge ignorar-nos a presença, ou ainda nos persegue, indulgência para com ele. Talvez esteja mal-informado a nosso respeito, ou se encontre vencido por insopitável despeito, ou tenha *complexo de inferioridade* ou *mania de perseguição*; provavelmente seja um enfermo.

Nossa atitude correta, a isenção de animosidade com que o tratemos, as disposições sadias que mantenhamos terminarão por vencê-lo, modificando-lhe o conceito a nosso respeito, fazendo que se venha tornar um bom e dedicado amigo.

A indulgência ensina-nos a perdoar as faltas e auxiliar aquele que se compromete no erro a reerguer-se, facultando-lhe reencetar o caminho do dever, do qual se evadiu por momento.

Clemência enseja a concessão do labor edificante mediante o qual se consegue harmonia.

Indulgência é, também, misericórdia.

Por escassez dessa faculdade de entender e desculpar os que são vítimas de si mesmos, crescem os conflitos humanos, que se multiplicam geometricamente, estimulados pela irritação generalizada, predispondo o homem a reagir por hábito, antes que agir por cautela e discernimento.

A indulgência de Jesus para com os pecadores e infelizes é lição atuante, tradutora da Sua grandeza de Rei Solar.

E todos aqueles que se tornaram grandes no mundo da renúncia, do amor, da beleza, da arte, da Ciência, com raríssimas exceções, que provaram o *ácido* do sofrimento, apoiaram-se sempre na indulgência a fim de compreender os que os não compreendiam e ajudar os que os perseguiam, engrandecendo-se por se apequenarem, superando as paixões em prol da glória dos ideais de que se fizeram missionários.

Sol de esperança

Por isso, indulgência sempre, em nome do amor também.

Não será, por acaso, a reencarnação o atestado da Indulgência Divina facultada ao infrator das leis, concedendo-lhe recomeço e oportunidade de libertação?

Aprendamos, dessa forma, a fazer o mesmo, concedendo ao nosso próximo o que gostaríamos de receber quando colhidos pela enfermidade ou desdouro no caminho por onde tentamos ascender ao Pai.

MARCELO RIBEIRO
(Sá da Bandeira, Angola, 27 de agosto de 1971).

16

TRABALHO E PACIÊNCIA

Em todas as situações da vida: *trabalho e paciência.* O trabalho santificando nossos atos, e a paciência revelando nossos sentimentos.

Diante da enfermidade pertinaz: *trabalho e paciência.*

O trabalho granjeia méritos redentores, e a paciência coloca o sinete da autenticidade em nossas resoluções.

Em face da ingratidão de amigos devotados que não nos compreendem as aspirações santificantes do serviço: *trabalho e paciência.*

O trabalho conceder-nos-á o atestado inequívoco dos propósitos superiores, e a paciência falar-nos-á mais alto sobre as nossas legítimas aspirações.

Considerados os propósitos malévolos que a invigilância esparze ante os nossos pés: *trabalho e paciência.*

O trabalho modifica a face negativa das coisas, e a paciência, semelhante à lixívia do tempo, aprimora contornos e arranca da estátua o ideal de vida.

Sob a chuva da amargura ou o fel da incompreensão, com os melhores propósitos visitados pela intemperança de uns ou pela malquerença gratuita de outros: *trabalho e paciência.*

Diversos Espíritos/Divaldo Franco

O trabalho modifica a conceituação que fazem de nós quando perseveramos honestamente, e a paciência ensina a ver com claridade e a perdoar com rapidez.

Porque nossos ideais encontrem barreiras aparentemente intransponíveis: *trabalho e paciência.*

O trabalho nos impõe o jugo do dever, e a paciência nos ensina a confiar no amanhã.

Se as sementes da nossa boa vontade ainda não medram: *trabalho e paciência.*

O trabalho é mensagem de Deus, e a paciência é virtude dos anjos.

Trabalhemos em nosso ideal imortalista, indestrutível, confiando na eternidade do tempo e no espaço da Misericórdia de Deus. Sejamos pacientes para que a tentação da fuga não nos arranque do dever antes do tempo, nem as pedras da dificuldade se ergam em muralha impeditiva ao nosso avanço na linha direcional da nossa redenção.

Cada um de nós está no lugar de trabalho onde pode ser mais feliz, e não devemos ter a presunção de esperar encontrar-nos onde mais nos agrade.

Se o campo é áspero, trabalhemos a terra, e se ela não nos responde ao carinho de agricultor, tenhamos paciência até que o adubo da nossa perseverança e o suor do nosso sacrifício fecundem esse solo, onde a semente do Amor do nosso Pai transforme toda a gleba numa seara inteira...

Lembrando-nos d'Ele, o Divino Pomicultor, que até hoje trabalha pacientemente pela transformação da Terra e do homem, trabalhemos, com paciência, o nosso pretérito no nosso presente, em benefício do nosso futuro.

Caíbar Schutel
(São Paulo, SP, 11 de outubro de 1970).

17

O MINISTÉRIO DO EVANGELHO NO LAR

Tanta conquista na Terra e tanta fome de amor! Superabundam comodidades externas, e multiplicam-se necessidades interiores.

O homem domina e, todavia, permite-se dominar pelas paixões abastardadas, em perfeita sintonia com as manifestações primitivas.

As grandezas e as misérias misturam-se em sucessivos festivais de desesperação, enquanto o "investimento espírito" prossegue marginalizado.

A Genética, fascinada pelas suas conquistas, envereda pelos caminhos difíceis, estimulando perspectivas de transformar o ser humano num *robot* sem outras expressões de sentimento, de aspirações, de beleza ou de emoção.

A Cibernética, ambiciosa, esquece-se da Terra e parte na busca de outros mundos, como se não bastassem os problemas complexos do mundo terrestre...

As ciências psíquicas, conquanto o admirável patrimônio dos feitos, sente-se enlouquecida pelos impositivos do materialismo crasso e relega penosamente à indiferença as realidades do Espírito indestrutível após a disjunção do

Diversos Espíritos/Divaldo Franco

patrimônio celular. Novas investidas se repetem audaciosas, procurando no campo das informações sustentar os objetivos negativistas, propondo transformar a vida física em irrisão cósmica de um instante, de aberração da Natureza, e todo o patrimônio decorrente da cultura da Civilização hodierna parece marchar em busca de coisa nenhuma.

O homem se crê possuidor de recursos capazes de decifrar os enigmas insondáveis no campo das moléculas, e as conquistas do DNA como do RNA parecem oferecer-lhe um campo imenso para investigações perigosas, facultando às mentes mais ousadas os voos da alucinação no campo das investigações ainda não examinadas à luz da razão.

Em face disso, fala-se com leviandade em depósitos de supergênios e de monstros pré-fabricados, de "Hitleres" ou de "Einsteins", numa volúpia que conduz a mente a estados aparvalhantes, enquanto a fome e as misérias morais campeiam, desmoralizando esse mesmo vasto patrimônio do conhecimento.

A anarquia se desdobra e a perversão dos costumes atinge cifras alarmantes, sem que todos esses valores reunidos possam dirimir as inquietações que vitimam as massas. Simultaneamente, largas faixas da população terrestre prosseguem dizimadas por enfermidades que a Ciência já poderia ter debelado, em definitivo, quais a cólera, a lepra, a tuberculose que, todavia, prosseguem matando tanto quanto a guerra ou a sífilis, consideradas enfermidades superadas e, entretanto, reinando sobranceiras e soberanas, nos países subdesenvolvidos ou do chamado "Terceiro Mundo", remotamente distantes da lembrança do Centro Mundial de Saúde, tanto quanto das possibilidades filantrópicas dos abastados detentores do poder.

Sol de esperança

Tenta-se, e consegue-se, o acoplamento de espaçonaves em estações orbitais montadas fora da atmosfera terrestre; mergulha-se no antes insondável fundo do mar; cogita-se da agricultura submarina; pensa-se nos reservatórios imensos dos oceanos, mas a delinquência juvenil e a velhice ao desamparo põem em derrocada o valor dos títulos de saber da vaidade humana...

O câncer, as endopatias, as enfermidades do sistema nervoso e as distonias mentais são chagas que atestam a pobreza das aquisições humanas. A cada instante, novas láureas coroam as cerebrações que investigam os sarcomas, que se adentram pela molécula, e, no mundo subatômico, novas descobertas são conseguidas, vantajosamente, sem que os celeiros do mundo possam apresentar mais grãos, e a arca da esperança tenha a possibilidade de acumular mais paz.

Decanta-se, utopicamente, a fraternidade dos povos, enquanto se assentam bombas de alto teor destrutivo na ogiva de foguetes teleguiados.

Justifica-se o investimento de fortunas colossais em satélites para estudar a atmosfera, outros corpos celestes, as expressões da sua estrutura, para realizar observações em torno dos raios cósmicos e outras pesquisas, no entanto, sabe-se que grande número deles são instrumentos de *espias,* vigilantes, para deflagrarem a guerra. Isso porque os técnicos e a estratégia militar moderna asseveram que a guerra pertencerá a quem aplique o primeiro golpe, sem embargo, que será também o último, desde que o vitorioso tombará sobre o vencido e a espécie humana jazerá aniquilada pela loucura que, desde já, varre a Terra em todos os quadrantes.

Prega-se a Mensagem de Jesus e dividem-se os homens, ensina-se a necessidade da comunhão dos credos e o

Diversos Espíritos/Divaldo Franco

ecumenismo abre as portas à tolerância, mas, apesar disso, as minorias religiosas padecem as violentas constrições das chamadas facções dominantes da fé, como se Jesus pudesse permanecer aprisionado ao que diz respeito às paixões humanas ou às paredes de pedra das vaidades e vitórias do império transitório do homem...

Conclamam-se os filhos no lar à construção do mundo novo, e, todavia, graças aos métodos de comunicação audiovisual, pela cinematografia ou pela televisão, estimula-se o suborno da dignidade, a corrupção dos costumes, deixando-se consumir pelos alucinógenos, pelos estupefacientes, pelo sexo em desalinho, para despertar, além do túmulo, após tanta desventura, mais frustrados, mais vencidos, mais cansados, mais açulados nos desejos coercitivos e dominadores.

Tal ocorre porque as cogitações espirituais têm sido banidas do mapa das experiências intelectuais no dia a dia da vida. Nem sempre os pastores têm dado os necessários exemplos da renúncia que pregam, como, ao ensinarem a pobreza, demoram-se sobre os tronos do poder. Prescrevem celibatos em detrimento da castidade, ensinam pureza da forma sem a necessária vivência da purificação interior e depois engendram palavras hábeis que se convertem em sofismas que se disfarçam em verdades convenientes.

O homem da atualidade desperta para o pessimismo e se faz dissipador, adepto do niilismo, apesar de filiado a esta ou àquela denominação deísta ou religiosa.

Felizmente, o silêncio da morte fez-se também utópico e os *mortos* voltam, queiram ou não os negadores contumazes, desde que a morte jamais se transformará em destruição da vida.

Sol de esperança

Morrer é despertar em outro estado, em nova dimensão. Como o berço, em absoluto, não constitui o começo da experiência vital, o túmulo não representa a aduana do aniquilamento...

A Genética, embora as perspectivas apresentadas, dificilmente lobrigaria êxito na elucidação momentânea das suas dificuldades, porque embora as experiências de proveta, apesar do sonho do transplante do óvulo para as "madres mercenárias", a Vigilância Divina vela pelos impositivos insondáveis da Lei. Simultaneamente, os imortais, de pé, retornam da sombra do sepulcro para as claridades do dia, convidando o homem pela constrição obsessiva, pela amargura à meditação e ao exercício da vera fraternidade e do amor, quando este não ouve as dúlcidas modulações do amor mesmo ou as sublimes clarinadas da razão.

Considerando esses fatores, bendizemos a oportunidade dos conúbios entre os homens da Terra e os Espíritos redivivos, no ministério do *Evangelho no Lar*. Meditando em tão grave e quão nobre cometimento, valorizamos o impositivo da realização urgente de reuniões desta natureza, em que o homem, no lar, produz uma pausa nas suas múltiplas atividades para o silêncio, a meditação e o mergulho na oração, a fim de comungar com o Alto pelo pensamento e pela inspiração.

Não ignoramos as lutas que são travadas.

Conhecemos as dores que fazem sangrar o íntimo, o desejo que todos acalentamos quanto à liberação de muitos sofrimentos acumulados. Sabemos do quanto todos gostaríamos de apresentar os problemas que nos afligem e nos entorpecem, às vezes nos alucinando, aos Divinos Ouvidos, pedindo roteiro e quitação.

Tende, porém, a certeza de que os vossos silêncios de dor são compartidos por amores vigilantes, indestrutíveis, que falam vozes dúlcidas, que se não conseguis registrar em forma de palavras articuladas, nem por isso deixais de receber como inspiração, nesses solilóquios que se transformam em diálogos e nos quais vossas almas gritando ao Senhor, d'Ele recebem a iluminação, no recôndito do coração e da mente.

Não desespereis, por mais ásperas vos pareçam as lutas; não recalcitreis, por mais cruentas se vos apresentem as batalhas! Tende coragem, lembrai-vos do Cristo triunfador, embora aparentemente vencido!

Abri vossos espíritos e dizei ao Senhor dos vossos elevados anseios de paz com a sinceridade do crente afervorado e dorido. Ele vos penetrará as entranhas da alma e balsamizará as imensas feridas do ser, que estarão em breve cicatrizadas sob o penso da Sua intensa Misericórdia.

Orai, portanto; transformai os vossos lares em santuários, para que os petardos da investida devastadora das forças ululantes do desespero, que impiedosamente varrem a Terra, graças à sintonia natural entre os seus habitantes e aquelas outras mentes, possam ser vencidos.

Orando, experimentareis a paz desconhecida, sutil, e sentireis as mãos poderosas do amor sustentando-vos nas batalhas, bem como privareis da companhia das forças que, engajadas ao *exército* do Senhor, estarão ao vosso lado em peleja pelo vosso êxito, pelo vosso triunfo.

Não desespereis! Estugai o passo antes de vos agigantardes na precipitação. Nossos são a alegria não fruída, o amanhã não surgido, a batalha não travada... O suplemento de forças que recebemos é a nossa reserva de confiança para ser aplicada no porvir.

Não atiremos, portanto, fora, pela precipitação impensada, tudo aquilo que o Senhor nos dá, que nos coloca ao alcance, de que podemos dispor se aprendermos a arte de refletir, a técnica de orar e nos exercitarmos na bênção do esperar.

BEZERRA DE MENEZES
(Rio de janeiro, GB, 9 de julho de 1971).

18

SEMEIA E SEMEIA

Ei-los, em esfuziante alegria, permutando sorrisos num festival de juventude, que lhes parece não ter fim. Folgazões, transitam de cidade em cidade, espairecendo, caçando prazeres, renovando emoções. Quase esvoaçantes, coloridos, recordam bandos de aves arrulhando nas florestas da vida.

Embriagados pelo licor da frivolidade, passam gárrulos e ligeiros, sem pontos certos, alongando-se pelas estradas vastas das férias intermináveis.

Ao lado deles trabalham aqueloutros que os invejam e lhes exploram a loucura, quais formigas diligentes que acumulam para si, ceifando da plantação alheia, receosas da escassez hibernal. São gentis a preço de ouro e vendem cortesia, detestando-os, quase em silêncio, reprochando-lhes o comportamento leviano e sentindo-se magoados por não poderem fazer o mesmo.

Aqueles vêm para cá buscando o sol, e estes saem daqui procurando as temperaturas brandas. Uns sobem as montanhas, e outros as descem, agitados, todos a buscarem nada.

Perderam a paz íntima e não sabem, talvez não desejem saber.

Anestesiam-se com a ilusão e fogem da realidade, enlouquecendo paulatina, irreversivelmente.

❂

Dizes que conheces as nascentes da água lustral do bem e da harmonia. Gostarias de ofertá-las, a cântaros cheios, ou abrindo, com as mãos de ternura, sulcos profundos por onde jorrassem filetes a se transformarem em rios de abundância a benefício de todos.

Eles, porém, os sorridentes e os corteses que defrontas, recusam a tua oferenda.

Falas sobre o amor, e zombam.

Cantas a verdade, e promovem balbúrdia.

Emocionas-te ante a dor, e os irritas.

Apresentas Jesus, e desertam ansiosos, tentando novas expressões de fuga, desinteressados e belicosos contra ti.

Não te entristeças ante os panoramas sombrios do momento. Logo mais, na estação própria, haverá luz e cor, reverdecendo a paisagem cinza, florindo-a, perfumando-a.

Possivelmente, já transitaste em rotas semelhantes e por essa razão sentes o amargor tisnar teus lábios, vendo-os e ouvindo-os, sabendo que este ludíbrio não dura indefinidamente. Eles despertarão sim, como já despertaste para outra realidade que agora te abrasa a vida e dá-te forças para avançar.

❂

Hoje, todos estes estão fugindo de si mesmos. Ontem, porém, quando estavas como eles, fugias também, conduzindo as armas da guerra e do crime, que alguns já têm nas mãos e que outros irão tomá-las com avidez.

Sol de esperança

Considera, então, o quanto macerou o Imensurável Rabi vê-los assim, sanguinários e irresponsáveis, tendo-O ao lado sem O desejarem, ouvindo-O sem O quererem entender... Longa para o Mestre foi a via dolorosa, enquanto com eles e com todos nós, até hoje, que ainda não O sabemos amar nem servi-lO.

Afeiçoa-te, por tua vez, à lavoura do amor e semeia, conquanto escasseiem ouvidos abertos e mentes acessíveis à semente de luz.

O *colégio galileu* reuniu apenas doze, ao chamado de Jesus, e não obstante a deserção de um discípulo equivocado, outro foi eleito para o seu lugar, ao tempo em que a palavra de Vida eterna se espalhava como pólen fecundo, penetrando, desde então, milhões de vidas que se felicitaram com a Verdade, alargando as avenidas da esperança para a Humanidade inteira.

Assim, semeia e semeia.

JOANNA DE ÂNGELIS
(Faro [Algarve], Portugal, 17 de julho de 1970).

19

CONFLITOS DE GERAÇÕES

Facilmente compreensíveis, os modernos conflitos de gerações atestam a falência moral dos métodos e atitudes com que pais e educadores imprimiram ao mecanismo social, exaurido de esperanças e desenganado ante os sucessivos malogros dos organismos mundiais encarregados de preservar o equilíbrio entre os povos.

Sempre os houve e foram necessários, facultando a queda das velhas instituições dominantes, soberbas, absolutistas, para fomentar o necessário progresso.

Nos dias passados da força e da fé cega, inspiradores de crimes hediondos, os jovens empunhavam as armas da belicosidade como da inteligência, a fim de enfrentar, a duras penas, as constrições do "direito divino dos reis", dos favores horrendos da nobreza e da supremacia clerical, encarregada, então, do suborno e da asfixia da razão, guindada à intolerância máxima.

Foram eles, os jovens de todas as gerações do passado, as matrizes novas dos ideais da beleza, da cultura, da investigação, nem sempre triunfantes pelos métodos pacíficos e harmonizantes. Vezes inúmeras, os campos de batalha do mundo ficaram juncados com os seus cadáveres, cujas vidas foram sacrificadas no ardor juvenil por mãos criminosas, em guerras mercenárias fomentadas por interesses vis, em que grupos prepotentes, quais abutres, disputavam os corpos moribundos uns dos outros.

As vozes da juventude sempre se levantaram contra a sevícia da injustiça, a escravidão do homem, o suborno da dignidade, a dominação arbitrária, a usurpação do poder, as misérias sociais, a impiedade...

Normalmente ludibriados por dirigentes ignóbeis, embrenharam-se em guerras, ditas *santas*, como se a guerra não fosse sempre e incessantemente barbárie e primitivismo, "supremacia da natureza animal sobre a natureza espiritual", conforme asseveraram os Espíritos da Luz a Allan Kardec.

Aos seus feitos e labores renovaram-se, frequentemente, as expressões da vida social e intelectual do planeta, não obstante os renhidos combates ideológicos e políticos que conseguiam capitanear contra as tradições do luxo, da fé, dos costumes insensatos ou primitivos.

À força do entusiasmo juvenil, as liberdades conseguiram romper as cadeias e algemas da limitação vergonhosa, desfraldando as flâmulas dos ideais da fraternidade, do amor, dos direitos humanos, ainda hoje em luta contra a asfixia dos déspotas saudosos do período feudal e da era da hegemonia de castas e raças dominantes.

Originados da plebe, quase sempre, conhecedores do sofrimento com o qual privavam em longa intimidade, não receavam pelejar contra a tirania, preferindo a morte com honra à morte da honra.

Sol de esperança

Hoje, no entanto, depois das sucessivas guerras calamitosas, apresenta-se a juventude sem norte, açulada por paixões infrenes, aliciada a grupos de destruição organizada, em sistemática e nefária conspiração contra a sociedade, a técnica, o *status* vigente, vítimas que são, os membros dessa juventude, desses fatores contra os quais lutam.

Sofrendo a carga de velhos preconceitos que destroçam, criam os jovens novos padrões e estabelecem uma ética absolutamente anárquica, fazendo viger o prazer, em linhas de chocante cinismo, sob alucinações de complexa procedência...

Merece, todavia, examinar que ainda são os moços mais vítimas dos adultos do que algozes empunhando as armas da destruição.

Num estudo, embora superficial, pode-se perceber que, por trás deles, as máquinas da pornografia e do descalabro são acionadas por mãos experientes, que o contexto das guerras jaz oculto nos conchavos mantidos por cidadãos aparentemente honestos e pacíficos, que os antros de perdição onde atiram à imundície do abandono os padrões da liberdade real e da saúde, do equilíbrio como da ordem, pertencem a pessoas bem projetadas socialmente, amadurecidas no campeonato do crime.

As redes da imprensa perniciosa, seja falada, escrita ou televisada, amolentadoras do caráter, são movimentadas por grupos despóticos, violentos, em que o jovem é somente "carne para o consumo" nefando.

Tudo conspira junto à atual geração, especialmente os veículos da comunicação, contra as linhas do comportamento regular, impondo-lhe apressadas bases de conduta violenta, imediata, graças às incertezas do amanhã...

Diversos Espíritos/Divaldo Franco

A pesada carga de informações velozes que chegam de todo o mundo – e também de fora da Terra, graças às novas investigações –, trágicas, calamitosas, leva as mentes novas à alucinação pelo pavor, ao desequilíbrio por frustração, à delinquência por fuga.

Educadores, sociólogos, psicólogos e religiosos ligados à presunção estudam e apresentam sugestões apressadas, propondo diálogos e incorporando-se aos grupos esdrúxulos, aspirando ao êxito imediato, sem cogitarem das suas causas essenciais. Iludidos pelo ateísmo, supõem tudo explicar pela unicidade das existências e se perdem em enigmas cada vez mais intrincados que não conseguem decifrar.

Conhecessem ou simplesmente examinassem as bases da Reencarnação e disporiam de preciosa chave para equacionar muitas das causas perturbadoras e geratrizes da problemática atual que debatem.

No passado do Espírito estão as raízes do seu presente. As águas do rio atual procedem da nascente que se espraiou.

Legiões de antigos bárbaros, que a seu tempo invadiram a Europa ou viveram em múltiplos continentes, comandados por títeres cruéis e sandeus, retidos em regiões próprias do Mundo espiritual para não dificultarem o progresso da Terra, agora retornam, a fim de aprender, crescer e testar as resistências morais do homem moderno, servindo-lhe de escarmento e, ao mesmo tempo, promovendo maior autenticidade, melhor compreensão da natureza humana, mais amplo descortino das Leis do Amor Divino que a ninguém abandona, quiçá estejam utilizando métodos dolorosos, conquanto necessários.

Fruindo, grande número deles, os bens da hereditariedade fisiológica, aquinhoados com a sanidade do veículo

Sol de esperança

orgânico, revivem nas indumentárias, nas atitudes, hábitos e aspirações as lembranças primitivas, reentregando-se aos velhos condicionamentos e, por seu turno, malbaratando a salutar quão abençoada oportunidade com que adiam demoradamente a própria evolução...

São, todavia, necessários ao progresso da Terra.

O planeta evolve e, desse modo, despoja-se das pesadas cargas vibratórias negativas e dos promotores delas, ainda que lhes conceda, todavia, ensejo bendito de reparação e conquista superior.

Entretanto, nem todos os jovens estão incursos em tais dispositivos. Dentre aqueles, os desesperados, há muitos outros tranquilos, tentando conduzir os grupos ao discernimento, inspirados, elaborando padrões próprios de libertação e ascese, sustentando a filosofia de vida em objetivos de trabalho, de arte, de pesquisa e estudo, conquanto contrários às tradições que devem ceder lugar à Nova Era.

E fora dos grupos, clãs e "famílias", outros jovens preocupam-se também com o mundo novo, ressuscitando a erudição em todos os campos e atirando-se, afanosamente, às competições de atletismo, arte, como de inteligência, em disputas emocionantes nos estádios do mundo, nas exposições, nas universidades, mantendo acesa a chama da esperança que parecia bruxulear, e, quase desafiadoramente, afirmam estar presentes para o serviço ideal da vida.

Jesus, todavia, vigilante, acompanha os grandes conflitos ora estabelecidos e dispõe as medidas salutares para todos, paciente, sublime, impedindo o caos generalizado.

Aos homens de todas as cores e crenças na Terra, aos idealistas de todos os cometimentos elevados, a nós todos que amamos, e, especialmente, que cremos e sentimos a imortalidade, cabe a tarefa de dirimir os conflitos atuais

Diversos Espíritos/Divaldo Franco

com a arma do entendimento, superar a treva da ignorância com a luz da sabedoria paciente, dando-nos as mãos, solidários, voltando-nos para os jovens e os amando, de modo a que todos encontrem em nosso devotamento e interesse por eles aquela segurança que lhes falta e aquela certeza de paz que almejam, após constatarem que, lhas ofertando, somos delas possuidores, graças à vitória alcançada, penosamente embora, sobre as nossas paixões e debilidades.

Conflitos de gerações ainda haverá, sem dúvida, até quando o entendimento fraternal, conforme o ensinou e viveu Jesus, partindo dos adultos, estabeleça o período real do bem e do dever retamente exercido entre todos os homens.

LEOPOLDO MACHADO
(Cachoeira Paulista, SP, 16 de julho de 1971).

20

LIÇÃO APROVEITADA

Conseguiu acumular expressiva fortuna em África e partiu à metrópole portuguesa, a fim de esbanjá-la. Materialista, era gozador.

Após desperdiçar toda a posse, espírito aventureiro, demandou o Brasil para recomeçar, tentando encontrar novo *Eldorado.*

Ambicioso, fez-se cruel.

Ingrato, tornou-se ríspido.

Experimentou privações sem-nome, passando a meditar nas legitimidades da vida. Nesse ínterim, quase um vagabundo, conheceu o Espiritismo, dando início, a duras penas, a um programa de reforma íntima.

Clandestinamente, embarcou no transatlântico alemão "Cabo Trafalgar", retornando à pátria.

A bordo, em alto mar, apresentou-se ao capitão, desejoso de pagar a viagem, através de serviços.

Aproveitado, saltou em Lisboa, não obstante convidado a prosseguir trabalhando naquele mesmo navio.

A caminho de Hamburgo, o "Cabo Trafalgar" foi afundado. Era 1914, em pleno choque da Primeira Grande Guerra...

Diversos Espíritos/Divaldo Franco

Compreendeu que fora salvo a fim de poder servir ao Senhor, na pessoa das criaturas humanas.

...E, apóstolo da mediunidade, em Portugal, dedicou-se ao bem, até o fim, renovado e feliz.

IGNOTUS
(Beira, Moçambique, 19 de agosto de 1971).

21

PORTA E CHAVE

Mantenhamos a vitalidade da Doutrina no âmago da nossa alma, vivendo-a, integralmente, no dia a dia do nosso caminho. Espiritismo é, também, vida, manifestando a "Vida abundante".

Diante da sombra, não imprequemos contra a noite. Acendamos uma luz clarificadora e sigamos adiante.

Ante o obstáculo, não aprovemos o óbice. Contornemos a dificuldade e sigamos, resolutos.

Em face ao abismo, não maldigamos a tentação da queda. Transponhamos o fosso e continuemos intimoratos.

Jesus é a nossa ponte entre *a Terra e o Céu*.

Jesus é o hálito que nos sustenta, e a Sua Mensagem de Amor é a linfa poderosa que nos nutre, dulcificando-nos interiormente, a fim de que possamos atingir o ideal colimado, que é o da nossa integração no *espírito do bem*.

Espíritas, meus irmãos!

Não somos estranhos peregrinos nestas sendas redentoras, mas antigos dilapidadores da palavra da fé.

Não nos encontramos mergulhados na carne por capricho do acaso. Renascemos para consertar, retornando para corrigir, reencetando a jornada terrena para reaprender.

Ontem, açulados pela ilusão, desequilibramo-nos e, em sintonia com os dominadores do mundo, transitoriamente, implantamos a mensagem da fé sob a chibata da impiedade. Em nome do Evangelho Restaurado, galopamos o corcel da ousadia destruidora, perturbando a conceituação da Verdade, e, por essa razão, nossos celeiros de esperança e paz jazem vazios.

Desejando servir naqueles idos, mancomunamo-nos com a insensatez e semeamos a desídia e a intransigência para com os outros, ferindo-os fundo nas cogitações superiores. Agora choramos sem consolo e sofremos o acúleo de singulares remorsos.

Que fizemos de Jesus? Por que sepultamos a palavra soberana do Rabi Galileu nos túmulos dourados da mentira?

Retornamos aos sítios antigos para os joeirar.

Não somos outros viandantes, senão aqueles corruptores da Verdade.

Não estamos diferentes ainda. Antigos negadores do Evangelho do Cristo, conquanto dizendo servi-lO, aqui, de mãos dadas, tentamos reacender a lâmpada apagada do ideal, para que, então, ardam, novamente, as flamas da caridade e do amor, da pureza e da humildade.

Não regateemos esforços. Não negligenciemos. Se necessário, troquemos a vida perfumada da ilusão pela áspera senda que conduz à Imortalidade Triunfante.

Mudemos a casula brilhante do realce pela cogula modesta da renúncia e do anonimato no bem.

Amemos para ser amados. Semeemos bênçãos para colher alegrias. Plantemos esperança para que nossos pés jornadeiem pelos caminhos da segurança e, sobretudo, sejamos fiéis ao Cristo, a fim de que o Cristo domine na intimidade dos nossos Espíritos.

Sol de esperança

Não amanhã, nem mais tarde. Eis que soa nosso santo momento de ajudar e renovar-nos. Desdobremos esforços, começando cada um, intimamente, a tarefa de burilar-se, lapidando as imperfeições, para que, à semelhança do diamante puro que arrancado da ganga, do cascalho, reflete a luz, possamos refletir o sol da crença na sua pujança de claridade e em ideal de nobreza.

Espíritas, *sois o sal da terra!*

Espíritas, estais no portal da luz... Vencei-o, penetrando-lhe a aduana.

Jesus é o Caminho, a Doutrina Espírita é o estímulo para a jornada pela rota.

O Evangelho é a porta, a Codificação Kardequiana é a chave.

Jesus é o apelo, a Doutrina é o instrumento que no-lO traz, outra vez.

Marchemos, amando, vivificados pelo elixir que flui do dever puro e santo, e, fascinados pelo estímulo contínuo da mensagem sublime e consoladora do Evangelho vivo e atuante, não desanimemos nem receemos nunca.

"Segui a paz com todos e aquela santificação sem a qual ninguém verá o Senhor!" – proclamou Paulo aos hebreus...

"Reuni os joelhos desconjuntados e marchai resolutos" – prosseguiu, conclamando.

Espíritas, meus irmãos!

Amai, servi, pregai e vivei a Doutrina do Cristo no altar de vossas vidas, para que, em breve, já não sejais vós a viver, mas o Cristo vivendo em vós.

Eurípedes Barsanulfo
(Franca, SP, 21 de novembro de 1970).

22

SILÊNCIO QUE OUVE

Abstrai-te um pouco ao torvelinho das paixões que gritam em desespero ao redor dos teus passos e faze um grande silêncio interior. Aguça os ouvidos espirituais e espera. Suave, docemente, escutarás vozes falando, cantando um hino de amor à Vida, à Verdade, à vitória plena. São os mártires da fé e os gênios da beleza, os heróis da abnegação e os santos da renúncia, que ressurgem das páginas amarelecidas da História para as ruas da caridade, convidando-te a segui-los.

O bulício de fora e as inquietações interiores rapidamente os silenciam, e tudo desaparece, qual sonho sublime acompanhado de violento despertar...

Experimenta outra vez. Faze novo esforço. Recomeça.

Torna o inabitual frequente, e o comum, supera-o.

É indispensável sentir para compreender o que eles sentiam, quando se deram em oferta total.

Eram, a princípio, iguais a ti, que se deixaram abrasar, ultrapassando, pelo esforço bem-conduzido, os chamados limites da razão, para se entregarem a Jesus e servirem à Vida.

Diversos Espíritos/Divaldo Franco

Foram, sim, incompreendidos, e raros amados a seu tempo. Não procuravam, porém, compreensão ou amor: ensinavam pelo exemplo, como compreender e como amar.

Não se notabilizaram pelo que deles dizem, todavia, pelo que se não sabe ou se não pode dizer. Não há palavras que digam *ditos indizíveis*.

Muitos monumentos os evocam e narram com toda grandeza suas histórias, suas vidas. Eles não os esperavam ou sequer os desejavam.

Igrejas, edifícios grandiosos, exaltam suas simplicidades... Não conseguem, porém, dizer muito. São apenas obras de arte que a curiosidade irreverente de muitos espia apressadamente.

A mensagem que eles deixaram, ouve-a tu.

O pensamento deles, escuta-o tu.

O trabalho deles, prossegue-o tu.

O ideal deles, mantém-no tu.

❂

Dir-te-ão, alguns companheiros, que estás deslocado no tempo e no espaço. Falaram-no, também, a eles.

Explicar-te-ão que já não há tempo para o amor: estes são dias de velocidade. Expuseram-no, igualmente, a eles.

Formarão conceito negativo e apressado a teu respeito. Fizeram-no, assim, com eles.

Insistirão para que retornes à realidade, à mecânica do novo tempo, do mundo novo que te rodeia. Propuseram-no, insistentemente, a todos eles.

Situavam-se, porém, os outros e eles, em esfera psíquica diferente. Vibravam em ondas mentais diversas.

Sol de esperança

Ignoravam, os que lhes sitiavam os passos, que os tempos mudam porque há os que os antecipam e não são entendidos na ocasião.

Desconheciam o poder do amor, na velocidade das pseudorrealizações e conquistas.

Negociavam a verdade e ajuizavam com visão estreita.

Subestimavam a excelência do novo, que é sempre velha experiência em indumentária agradável.

Por isso, não descoroçoes no embate da luz contra a treva da ignorância, que se pode apresentar com aparência de sabedoria, mas é somente astúcia.

❉

Catarina de Siena só a muito custo induziu o Papa Gregório IX a trasladar o papado de Avinhão para Roma. No entanto, ignorava o que isso custaria à Cristandade, em esplendor e luxo desde o século XIV.[5]

Francisco de Assis, com muita renúncia, criou a Ordem para atender a dor e casou-se com a *pobreza*. Não obstante, seus seguidores desvirtuaram o seu trabalho ímpar.

E Jesus, a Quem dizes amar, após dar-se numa Cruz, acompanhou os crucificadores que Lhe usurparam o nome, entronizando-O em toda parte, substituindo-O aos símbolos da guerra e da destruição ou situando-O sobre os monumentos evocativos de monstruosidades e horrores. Confia, porém, o Rabi naqueles que hoje, no tumulto, estão fazendo silêncio para escutar aquelas vozes e a Sua voz.

JOANNA DE ÂNGELIS
(Siena, Itália, 6 de agosto de 1970).

---

[5] Ano de 1377 (nota da autora espiritual).

23

ESPINHOS DO CRISTO

Nos exames mentais que realizas, defrontas, como companheira, a soledade, em contínuos colóquios com o teu coração. Nesses demorados estados d'alma, pretendias escutar voz amiga, de outra procedência, em diálogo envolvente contigo. Ante a impossibilidade, num caminho assinalado pela dor íntima, intraduzível, dás vazão às lágrimas, como se o orvalho da emotividade fizesse reverdecer os jardins da esperança, cultivados ao longo do esforço, em faina contínua, quase dolorosa.

A aflição espia teus planos e te surpreende a cada passo, dilacerando os melhores acarinhados sonhos de paz, na seara das realizações enobrecidas. Amigos que debandam, conhecidos que desertam, afetos que se distanciam e a mordacidade de quase todos eles, em se referindo a ti, são lâminas aguçadas que te retalham as expressões de amor com que a todos poderias envolver.

Aqui, a incompreensão sutilmente estabeleceu quartel e a intriga se engalanou de triunfos arbitrários, esfacelando os programas dignificantes, que, então, jazem ao abandono. Ali, a maledicência vitalizada pelo despeito desdobrou seus tentáculos esmagadores, e o veneno da vaidade contaminou incautos para os vencer, de imediato. Acolá, o cipoal da malícia se desdobrou, pernicioso, e ninguém se atreveu a destroçá-lo, receando enrodilhar-se nele e padecer-lhe a constrição.

Em toda parte as sombras se adensaram, gerando receios que se multiplicaram, como que ameaçando a preciosa claridade solar.

Supões-te, então, vencido, senão cansado da luta inglória na fauna humana, no pantanal de tantas paixões...

Conquanto o desbordar de bênçãos que somam misericórdias divinas em volume crescente, permanecem, também, as dificuldades onde não deviam medrar nem persistir, em atentado violento ao amor, qual se a conspiração do mal pudesse levar de vencida o sublime destino do bem, a que todos aspiramos.

Não desfaleças, porém, nem te entregues à rebeldia.

O fanal da luta é a coroa do esforço.

O Reino dos Céus desde há muito se aproxima da Terra, todavia, não se encontra, ainda, estabelecido entre os homens.

Os dois braços abertos do Cristo na Cruz são convites à fraternidade, que não ignoras. O seu martírio, no entanto, é a resposta às tuas queixas e solicitações gritadas no altar íntimo, nas horas de sofrimento, que somente a oração consegue lenir.

Aquele que se afeiçoa ao Cristo deve marchar assinalado... D'Ele é o *espinho na carne*, como Sua presença inamovível, ignorada pelos outros, colocando-nos em contínua vigília, a fim de que a imprudência ou o desaviso não nos

Sol de esperança

surpreendam jornada afora. São as Suas doações aos que O amam.

...*Pourquoi je ne suis pas semblable au jeune oiseau?!* [6] – indagava minha alma jovem na primavera infantil, acompanhando o livre e descontraído voo das avezitas, supondo-as longe do sofrimento, a deslizarem nos rios do vento, nos cenários da Natureza em festa. Quantas vezes, todavia, posteriormente, vi-as destroçadas pelas certeiras pontarias da impiedade, jazendo sem ninho e sem vida, após os agudos golpes da morte!...

Somos, também, aves do Senhor, ansiosas por despir as roupagens pesadas e seguir na direção do ninho celeste.

Muito temos que vencer e superar, até o instante em que nos libertaremos da pesada plumagem que, em vez de nos alçar à vida, retém-nos no barro orgânico.

A vitória, seja da insensatez ou do crime, é temporária. Desfaz-se em realidade ante a luz do bem, como a miragem se dilui no desencanto da desolação.

Somente o dever retamente exercido constitui triunfo do Espírito sobre a matéria, no investimento corporal.

Mesmo que a tentação do desânimo e da fuga te ameace a tarefa empreendida, persiste e persevera atuante na ação superior, recordando, na soledade e na amargura, que a Ressurreição gloriosa foi somente possível porque se fez preceder da morte ultrajante e solitária do Justo, que continua sendo nosso perene Modelo e Benfeitor, acenando-nos permanente madrugada para o futuro.

Des Touches
(Campos, RJ, 6 de julho de 1971).

---

[6] ... Porque não sou parecido ao jovem passarinho?! (nota do autor espiritual).

24

CONCILIAÇÕES ERRÔNEAS

Escolho de difícil remoção à límpida propagação do Espiritismo, conforme as bases sólidas em que o apresentou o apóstolo Allan Kardec, as reminiscências e condicionamentos do obsoleto culto externo das religiões do passado constituem pesada canga a ser arrojada fora dos ombros dos novos adeptos do Cristianismo, ora conduzidos pela incorruptível flama da Nova Revelação.

Aferrados milenarmente ao impositivo constritor dos dogmas, subjugados pelas expressões dominadoras da idolatria, arraigados ao formalismo avassalante, submetidos às punições e dádivas decorrentes da usança dos sacramentos, não conseguem, seja por acomodação aos hábitos marcantes, seja por preconceito em face das circunstâncias coercitivas, construir inteiramente o sublime culto interno à Divindade, sem o penoso trânsito por entre os escombros das ideias antigas de que, mui dificilmente, lobrigam libertar-se.

Aceitam, com relativa facilidade, o intercâmbio dos Espíritos com os homens, assimilam as diretrizes reencarnacionistas, não sentem qualquer pejo na prática da terapia espírita, adentram-se pelo campo da experimentação

Diversos Espíritos/Divaldo Franco

mediúnica, no entanto não se liberam dos elos fortes com que se ligam às reminiscências do passado. Supõem não ser negativa a militância nas duas doutrinas, experimentando conseguir uma neutralidade especial e particular, mediante a qual se locomovem de uma para outra situação, satisfeitos em ambas, sem considerarem as contradições que engendram com essa atitude, tendo em vista as realidades de conteúdo filosófico, científico, moral e cristão vigentes naquelas confissões religiosas.

O Espiritismo, acima de ser mais uma religião atirada ao campo competitivo das tradições seitistas encarregadas de produzir sectarismo, proselitismo e toda a gama de males desses comportamentos decorrentes, é a Religião por excelência.

Doutrina racional, elimina os intermediários entre a criatura e o Criador, facultando maturidade a todo aquele que lhe penetra as nascentes poderosas com sede de saber a verdade. Liberta o homem de todas as crendices, responsabilizando-o, conscientemente, por pensamentos, palavras e atos, graças ao conhecimento lógico das legitimidades da Lei Divina. Comprova a imortalidade através da comunicabilidade dos desencarnados e leciona Justiça Excelsa pela informação dos resultados com que cada Espírito se apresenta no ato do intercâmbio, relatando as dores ou as bênçãos em que se demora após o túmulo. Deixa-se dissecar no campo experimental e sobrevive ao sarcasmo como ao cepticismo proposital dos investigadores malsãos ou dos analistas, sistematicamente adversários à indestrutibilidade da consciência depois do fenômeno da morte física. Filosofa com segura argumentação, ajudando com a preciosa chave da reencarnação a elucidar todos os enigmas humanos do passado, do presente, marchando, com nobre tranquilidade, ao lado do

Sol de esperança

homem do futuro. Moralizadora, não se converte num frio tratado de conveniências sociais, mas se reveste de elevadas conceituações éticas no que incide, seguramente, com o Cristianismo que lhe é pedra angular, tornando Jesus o Modelo insuperável do homem integral, que todos ambicionamos um dia ser, contanto que comecemos desde hoje a segui-lO.

Fácil, transparente, seu contexto é puro, não permitindo enxertos que a tornariam corpo esdrúxulo, nem aceitando apêndices que lhe ofereceriam forma exótica, senão ridícula.

Combatida, sobrepairou às acusações da perfídia que se ocultava por trás dos interesses escusos, e ainda agora, antagonizada pelo totalitarismo de toda natureza, porque construtora de homens lúcidos e livres, é a esperança da melhor Humanidade que já se mobiliza na Terra, integrando-se nas suas fileiras.

Os empeços, todavia, aí estão, a multiplicar-se.

Não foi outro o fantasma que ameaçou o Cristianismo nos seus primeiros séculos, que o perturbou com as fundas mutilações que o marcam dolorosamente. Haja vista o lamentável *processus* de afirmação histórica das religiões ditas cristãs, fazendo-se um estudo comparativo entre elas e o Evangelho, seus ministros e templos com Jesus, Seus discípulos e o santuário da Natureza onde viveu e pregou.

Cultivando no homem, mantido, quanto possível em ignorância a respeito dos valores reais da vida, o gosto pelo sobrenatural, espetaculoso, fenomenal, miraculoso, ditas religiões acorrentaram-no aos ferros da mentira, alimentando-o com os vapores da ilusão com que lhe anestesiaram a razão e lhe amorteceram os sentimentos, fazendo que gravitasse, desde então, atoleimado ou fanatizado, em

Diversos Espíritos/Divaldo Franco

inconsciência, em volta de símbolos litúrgicos, promessas, aparências, mas não de Deus, nem da vida.

Ante as luminescências da Revelação Espiritual, esse homem inquieto e supersticioso teima em conciliar questões irreconciliáveis com que pretende, em malabarismos espetaculares, atender a Deus e a Mâmon.

Torna-se espírita pela crença, mas não adquire consciência pelo estudo, que é fator iluminativo nas experiências pessoais.

Admite a fluidoterapia e associa-se à transubstanciação da hóstia em *corpo de Deus*.

Conhece as Leis de Causa e Efeito, porém se submete a este ou aquele sacramento para eliminação de tais ou quais pecados, ou para a conquista de bênçãos.

Participa das sessões de desobsessão e faz-se membro dos *Cursos de Cristandade,* simultaneamente, a fim de estar bem-situado no consenso social da última moda, afirmando manter a consciência em paz, não obstante a ausência da reforma moral de dentro para fora, construindo o homem novo...

Aclimatado às visões tradicionais de santos e arcanjos, transfere para as tarefas espíritas o engodo quanto à possibilidade de estar em comunicação direta com as Entidades excelsas, ridicularizando, por imprevidência, venerandos nomes, porque passam a apresentar ridículas teorias e lamentáveis profecias quanto à hora chamada final...

O Espiritismo, porém, sobreviverá límpido e passará à posteridade, salutar, como nos foi legado pelas *Vozes do Céu,* e coligiu Allan Kardec. Os Espíritos da Luz vigiam e, no momento próprio, interferem como hão feito sempre, até aqui.

Sol de esperança

Não nos equivoquemos. Reflitamos pausada, demoradamente, nos labores espirituais que nos cabem desenvolver e, libertando-nos em definitivo das couraças das superstições e dos *fetiches religiosos*, enderecemos ao Senhor nossos puros pensamentos, nossos atos de elevação, evitando tornarmo-nos *pedras de escândalo*, ou espalhar escolhos no caminho por onde seguem os pés ativos dos Seus trabalhadores.

FAURE DA ROSA
(Luanda, Angola, 21 de agosto de 1971).

25

DESENVOLVIMENTO SEPARATISTA

Não basta silenciar, quando o ultraje à dignidade humana irrompe violento, açoitado pela dominação arbitrária, que teima por estabelecer linhas múltiplas de comportamento, através das quais os menos favorecidos padecem limitações irremovíveis, sob a canga maldisfarçada de contínua escravidão.

Dentre os cânceres mais virulentos que minam o organismo social, consequência infeliz dos costumes coevos remanescentes do passado, o preconceito racial prossegue, em cru primitivismo do homem que não consegue compreender e fixar a igualdade das raças, quando estas fruem condições e oportunidades próprias de aprendizagem e desenvolvimento.

Profligar-se contra a obstinação autocrática que reduz homens a hilotas hediondos, porque transitam em vestuários orgânicos de pigmentação diversa, é dever impostergável que nos devemos impor, ensinando, pelo exemplo, tolerância e paciência em quaisquer circunstâncias, de modo a coibir, mediante atitudes dinâmicas, o abuso que subestima as demais criaturas, vítimas da hegemonia do poder de alguns poucos.

Diversos Espíritos/Divaldo Franco

Não obstante as conquistas externas pela aplicação da mais avançada técnica, o primarismo das paixões que permanecem no ainda ignorado *continente da alma* afirma a urgente necessidade de uma revisão espiritual de conceitos e postulados religiosos que, facciosos, apoiam o estatuto separatista, quando não estimulam a infeliz discriminação.

As denominadas *raças inferiores* são formas educativas de que se utiliza a Divindade para ensejar a paulatina evolução dos Espíritos que ainda se encontram em trânsito pelas organizações fisiológicas de povos incipientes na cultura como na civilização, em que melhor fixam caracteres do sentimento, após o demorado estágio no instinto, e donde marcham na busca de crescimento da força inteligente.

Para impulsioná-los ao avanço, nascem e renascem em tais povos, ou sob a condição do impositivo da cor em impedimento legal da plena liberdade, Espíritos de escol que se encarregam de encorajar e ensinar cometimentos superiores, com que despertam as mentes tardas e as expressões do enfermo conformismo às lutas nobres pelo estudo, trabalho, esforço incessante, com que atestam a excelência das possibilidades que fruem.

Mediante o pavor e a coação, os líderes do *apartheid*[7] mantêm os homens classificados quais animais de uso, sem lhes conceder ensancha de liberação dos estigmas que os submetem aos dominadores insensíveis.

Classificados em três grupos ou classes distintos, quais sejam: brancos, de cor e negros, oscilam os privilégios dentro dos limites das paixões, deformando os valores humanos por preconceito de desenvolvimento, eufemistica-

---

[7] *Apartheid* – desenvolvimento separatista (nota do autor espiritual).

Sol de esperança

mente, denominado separatista, ocultando as reais intenções escravocratas.

Os artifícios humanos acobertam quase sempre suas legítimas razões, mediante disfarces da habilidade intelectual, em detrimento das legítimas expressões do sentimento, o que lhes não diminuem as responsabilidades ante a Justiça Divina.

Para a aplicação das leis e dos direitos, dos deveres e das necessidades são impostos *dois pesos e duas medidas*, os quais os mais rigorosos são aplicados nos que vivem em condição de inferioridade, apesar dos arroubos apaixonados de tais campeões dos anseios de liberdade de que pretendem ser pregoeiros na Humanidade.

Asfixiantes, preconizam condições de livre respiração, e opressores, conclamam à liberdade, quando se trate dos seus interesses postos em jogo.

Justificando-se do abuso do poder, arremetem contra os que propiciam assistência educacional, médica e profissional, concedendo oportunidade para uma vida digna, de cujos resultados, porém, desfrutam o maior quinhão, já que deles se utilizam para mais amplos investimentos e melhores estipêndios com os quais mantêm a situação absurda.

Nascem todos os homens iguais, com direito a uma vida livre pelo impositivo das Leis Cósmicas.

Livres, sim, devemos todos ser, não, porém, libertinos, avançando em liberdade sob a vigilância da disciplina e da ordem, a fim de que o equilíbrio persevere nas atitudes e nos comportamentos.

Enquanto essas condições vigerem, os ferrenhos defensores da opressão retornarão, em nova investidura carnal, sob as peias e os elos coercitivos que impuseram, experimentando as consequências da própria impiedade sob o jugo de outras rudes mãos, a fim de dulcificarem, no eito, os cruéis lances de maldade em que forjaram a personalidade passada...

Instrua-se, eduque-se o homem de qualquer procedência ou raça, faculte-se-lhe o livre exercício da ação e ele disporá de recursos para integrar-se, facilmente, em qualquer grupo, já que por não experimentar as constrições limítrofes da atrofia humilhante, razão não tem para recalques nem revolta, tanto que pode assimilar e viver os valores da paz e da felicidade.

Apartheid!

O *desenvolvimento separatista* oferece, sem dúvida, universidades e escolas, hospitais e institutos, piscinas públicas e clubes, oportunidades para negros... separados, gerando, por seu turno, outro racismo que um dia explodirá destes contra os que não lhes tiverem a mesma pigmentação da epiderme.

Justificando-se, referem-se que há outras discriminações raciais em outros países, piores, sem dúvida, do que o *apartheid,* em que se lhes nega inclusive o direito à justiça, à liberdade, erro esse que em nada diminui a gravidade do outro.

Separam-se os seres não pela epiderme, mas pelas aptidões, gostos e aspirações. Através das leis da afinidade espiritual, aglutinam-se ou isolam-se, unindo-se a tais ou quais grupamentos nos quais seja fecundo o campo de possibilidades a desenvolver e gozar, pois que *"onde se encontra o tesouro, aí está o coração"*, da incorruptível lição do Cristo. Como o homem é o seu Espírito, o seu mundo interior, naturalmente em liberdade formará o seu grupo, nele

Sol de esperança

se engajando para prosseguir pelo caminho redentor, sem, no entanto, padecer limites impostos pelos seus irmãos em crescimento também.

Vianna de Carvalho
(Johannesburg, África do Sul, 10 de agosto de 1971).

26

IRMÃOS PERSEGUIDOS

À semelhança dos cristãos primitivos que experimentavam o rude chicote da perseguição gratuita, espíritas dedicados reparam hoje graves faltas do pretérito culposo, sob o açodar de indisfarçadas dificuldades que os impedem, em muitos países, de reunir-se em colmeia de amor para o ministério superior da comunhão com o Alto.

Açulados por injustificável receio da verdade, religiosos intolerantes e administradores inescrupulosos unem-se em pérfidos conciliábulos para confundir, propositadamente, os discípulos novos do Cordeiro, com conspiradores da ordem, feiticeiros perniciosos, enganadores da credulidade pública.

Mediante leis habilmente urdidas, concedem-lhes, para logo tomarem em mãos de ferro, as liberdades de crença, apresentando-se como campeões da democracia e do direito no concerto das nações, somente não impedindo o ideal pelo pensamento, graças à total impossibilidade de cercear-lhes a elucubração, já que lhes não permitem a mínima exteriorização.

Jesus, porém, o primeiro perseguido injustamente, que doou a vida pela honra de amar, ensinar e servir, referiu-se profeticamente aos Seus servidores: —"No mundo,

Diversos Espíritos/Divaldo Franco

somente tereis tribulações", consolando, entretanto, que são "*bem-aventurados os que sofrem perseguição por amor à justiça e à verdade.*"

Inúteis, porém, os artifícios impeditivos para com a Mensagem do Consolador. Já não são os homens os encarregados de espalhar as sementes de luz e vida pela gleba exaurida dos corações. Agora, confirmando os prognósticos evangélicos, "as vozes, que são forças do Céu", incontroláveis e poderosas, irrompem por toda parte e fazem-se ouvir. Os fenômenos mediúnicos, multiplicando-se irreversivelmente, espocam inumeráveis, provocando celeuma, chamando a atenção, produzindo alarde.

Impossível fechar os olhos e ouvidos à sua realidade.

Enquanto estudiosos sem escrúpulos arranjam, precipitados, explicações fantasistas, fazendo supor disporem de meios para controlar, surgem eles, com expressões novas e atordoantes, impondo-se e exigindo meticuloso exame da sensatez como da honestidade nos departamentos da cultura e da investigação consciente.

❂

"Quando os meus discípulos se calarem, as pedras falarão" – asseverou Jesus.

Amolentados na comodidade excessiva, em consequência das atitudes de assentimento ante os graves delitos que atentam contra o espírito do Evangelho, não poucos cristãos, através dos tempos, perderam a autoridade para ensinar a verdade límpida e cristalina.

Aqui, a conivência com o crime dissimulado; ali, a concordância com a exploração dos fracos; acolá, a aceita-

Sol de esperança

ção das largas fatias do suborno moral; além, a presença comprometedora nos lugares de destaque do mundo, em detrimento da convivência com o próximo das ruas tormentosas do sofrimento, das vielas lúgubres da amargura ou dos eitos de indescritíveis aflições, fizeram com que o verbo inspirado se lhes emurchecesse nos lábios, substituído por palavras vazias, sem tônica de emoção nem de Espiritualidade...

E o grande silêncio com eles!

No entanto, para impedir a quase dolorosa orfandade, as pedras dos mausoléus e catacumbas fenderam-se, e os imortais voltaram a proclamar as excelsas lições do amor, a par das graves advertências, concitando as criaturas aos lídimos deveres do Evangelho, em plena restauração nestes chegados tempos.

Nem pedradas nem homicídio intencional silenciaram Estêvão.

Nem prisão nem morte receou o apóstolo da gentilidade.

Nem cadeia nem fogueira temeu a pucela lorena Joana D'Arc.

Nem julgamento inconfessável nem morte nefanda acobardaram Jan Hus.

Nem perseguições nem calúnias intimidaram Allan Kardec.

Nunca a mentira empalideceu a verdade, nem as sombras impossibilitaram a claridade da luz.

A luta inglória que mantêm os adversários do Cristo é escarmento para todos nós, a fim de perseverarmos nos postulados libertadores, e, também, combustível para a flama do ideal espírita, fadado a conduzir o destino da nova Humanidade do futuro após a implantação das bases da

Diversos Espíritos/Divaldo Franco

Terceira Revelação, em plena e efetiva fixação no país das almas humanas.

❁

Irmãos perseguidos!

Recordando o Injustiçado sem crime, perseverai no serviço iluminativo, sorvendo a taça do sofrimento com o pão ácido do cativeiro! Concluído o vosso resgate – pois que fostes responsáveis pela implantação das duras penas no ontem, que hoje redundam em severas provas –, planareis acima dos escombros materiais em que se converterão os triunfos dos dominadores de um dia, acompanhando, do Mais-além, o crescimento da árvore evangélica que o vosso suor está ajudando a regar desde hoje.

Não receeis e porfiai!

Do alto de uma Cruz, em longe dia, começou a madrugada de uma eterna primavera para os homens, após a infame punição do Filho de Deus.

Fixando n'alma o Seu exemplo, exultai!

JOANNA DE ÂNGELIS
(Lourenço Marques, Moçambique, 13 de agosto de 1971).

27

MEUS FILHOS, MUITA PAZ!

Há muita escravidão no mundo, esperando pelo nosso esforço em nome de Jesus Cristo, o Príncipe da Paz.

Escravidão que se demora entre aqueles que dominam tesouros transitórios, aos quais se amarram em desespero. Escravidão, também, dos que se deixam consumir pelas paixões dissolventes, nas quais se aniquilam demoradamente. Escravos, todos esses que transitam como trânsfugas dos deveres superiores, atados a remorsos sem palavras, deambulando atoleimados e vencidos, pelo caminho da desdita...

Há, sim, muita escravidão na Terra de hoje, mais do que em quaisquer fastos do pensamento histórico.

No passado, era a escravidão resultante das dominações políticas e religiosas que esmagavam povos e destruíam cidades, transformando homens que nasceram livres em refugo sem valor, sob o cruel jugo das suas cadeias e anéis de difícil remoção. Nos dias idos, eram a impiedade e a ignorância que atrelavam ao carro da fé as armas do crime, para sobrepairarem no triunfo, enquanto o clamor das vítimas indefesas chorava o patético da sua desesperação...

Diversos Espíritos/Divaldo Franco

Hoje, porém, ainda é assim.

O veículo da guerra, conduzido pela força transitória do poder da Terra, prossegue dizimando os que lhe caem sob as rodas, reduzindo civilizações nobres a escombros e homens felizes a hilotas que são obrigados a prosseguir entre revoltas inomináveis e alucinações sem-nome...

A política totalitária de uns, vinculada às ambições descabidas de outros, fomenta o crime *ensinando* o amor, e prega a paz sobre barris de pólvora, nos quais os pavios acesos se aproximam dos depósitos de explosão.

Além deles, a tecnologia, conquanto a sua valiosa colaboração para a construção do homem novo e mais feliz, do mundo melhor e mais ditoso, não lobrigou resolver os graves problemas íntimos do ser, que continua tão atormentado quanto os seus avoengos de priscas eras.

O homem hodierno, guindado à Cibernética e graças à Biônica, conseguiu resolver inumeráveis problemas externos, no campo da forma; todavia, não equacionou o enigma real do indivíduo, que, por enquanto, permanece nele mesmo. Isso porque os valores expressivos da fé se perverteram, sofrendo as interferências das paixões dos seus líderes, o que determinou ficarem entorpecidas as ideias da liberdade e do amor que, embora vigentes na Mensagem atuante e sempre viva do Cristo Jesus, Nosso Mestre e Senhor de todas as horas, já não possuem a tônica de levantar novos heróis da fraternidade e da renúncia...

Há, sim, muita vã cultura entre os homens do mundo, e muita ausência de luz!

As arcas do sentimento humano se encontram abarrotadas de egoísmo e vazias de amor.

Sol de esperança

É nesse sentido que a Doutrina Espírita, nesse segundo século de expansão, iniciado há pouco, apresenta-se como a legítima resposta do Mundo espiritual às angustiantes inquietações que se espraiam na Terra, na condição de Consolador Prometido.

Para as lágrimas humanas de qualquer procedência, faz-se o *lenço* da misericórdia em forma de estímulo e encorajamento, socorro e iluminação, transformando-se na luz da caridade em todas as dimensões. Caridade do pão, do agasalho, do medicamento, da moeda para o lume e para o teto, do tecido e da palavra gentil, da compreensão e da amizade, do perdão, mas, sobretudo, a caridade da instrução e da educação cristã e espírita para arrancar as grilhetas da ignorância – essa geratriz de mil infortúnios...

Agora, mais do que antes, impõe-se necessária a tarefa do esclarecimento das consciências ainda atormentadas por inúmeras limitações, a fim de que o amanhã seja clarificado pelo amor e pela paz.

Façamos, de imediato, a semeação do amor, que é a sementeira de luz.

Consideremos a necessidade da tolerância para com todos, pois este é um dos nossos lemas, mas não nos permitamos conivência com os erros que surgem e se fixam, criando embaraços que se agravam, transformando-se em impedimentos de difícil remoção à nossa frente.

Temos um compromisso com Jesus, cujo ministério de liberdade e tolerância se encontra perfeitamente estabelecido na Codificação Kardequiana.

Procuremos conciliar os nossos interesses ante as realidades da Vida maior; no entanto, no momento da escolha, não olvidemos a *melhor parte*, aquela a que se reportou o

Diversos Espíritos/Divaldo Franco

Mestre, em se referindo a Maria, ante as reprimendas de Marta.

Salientemos a necessidade do amor; todavia, amemos, envidemos todos os esforços pela concórdia e fraternidade, estabelecendo as bases firmes do nosso comportamento, em considerando as nossas responsabilidades ante a Vida...

Por essas razões, saudamos, no abençoado labor do Culto Evangélico do Lar, o retorno do Mestre amoroso à intimidade da família, ensinando a verdade e estabelecendo diretrizes seguras para a vida, como outrora fizera na casa de Simão, em Cafarnaum, quando inaugurava a Era Melhor do Espírito imortal, sob as luzes clarificantes das estrelas encravadas no manto veludoso da noite...

Quando o lar descerra as suas portas ao Evangelho restaurado, a Humanidade toda se renova.

Quando alguém se levanta, todos os homens se levantam com ele...

Abramos, desse modo, de par em par, as portas da nossa casa ao Cristo; retenhamo-lO com carinho e aprendamos com Ele a conjugar os verbos *amar* e *servir*. Depois disso, saiamos a levá-lO a todos os que ainda não tiveram o seu encontro interior com Ele.

Falemos, escrevamos, divulguemos por todos os modos a mensagem de vida que hoje estua em nossas almas para os ouvidos sofridos do mundo, e estaremos laborando diligentemente pela liberdade, libertando-nos a nós mesmos de paixões e lembranças negativas que nos atam, desde há milênios, à roda vulgar das reencarnações sem êxito.

Engrandeçamos o amor, para que o amor nos eleve, e restauremos as lições do Cristo, nesta hora de escravidões de muitos tipos, nos países das almas, fixando, em definitivo, os marcos delimitadores do reinado do Espírito entre as criaturas sofredoras do nosso planeta.

Rogando a Jesus que nos abençoe, o servidor humílimo,

BEZERRA DE MENEZES
(Rio de Janeiro, GB, 18 de junho de 1970).

28

KiaNgola, *suku akale kumue lene!*[8]

Rememoro as costas orvalhadas pelas lágrimas de pungente saudade, em que os teus olhos, fitos no mar imenso, tentavam vislumbrar adeuses ou esperanças que os *negreiros*, no passado, carregaram, destruindo tribos e deixando as pegadas da *civilização* europeia em manchas de sangue nas terras, *kimbus e senzalas* destruídos pela violência das chamas.

Das *kalunga* de Luanda, Benguela e Lobito ainda escuto o choro convulsivo, abafado pelo marulhar incessante das ondas em rendas de espumas, perdendo-se nas areias carreadas de um para outro lado, com que traduzias as dores superlativas do teu desespero...

...E muitos dos teus povos saindo da antropofagia para o comércio de escravos!

---

[8] Vocabulário: *KiaNgola* – Angola, a nossa terra (aqui, Angola); *Suku akale kumue lene!* – Deus te abençoe!; *Kimbus e senzalas* – grupamentos, povoados; *Kalunga* – praias; *makongos* – povos, tribos; *mukuisses* – escravos dos *mukubais*, hoje extintos, perseguidos por todas as demais tribos; *mukancalas* – povos extintos; *kindungu* – batuque; *kiokos, ganguelas, kuanhamas, mukubais, bailundos* – povos do Moxico, da Huila, de Bailunda, do Sul...; *soba* – chefe; *kubata* – casa, palhoça; *kimbundu* e *kikongo* – dialetos do Sul e do Norte de Angola; *embondeiros* – árvores típicas. Preferimos manter a letra K na formação das palavras aborígenes (nota do autor espiritual).

Makongos, vencendo os inimigos mais fracos, traziam-nos cativos para o triste mercado, em nome da supremacia de força!

Todas as tuas gentes: *makongos, kiokos, mukuisses, mukancalas, ganguelas, zambundos, kimbundus, kuanhamas, mukubais*, ou os diversos subgrupos de ontem e de hoje, sofrendo o guante da evolução de que ninguém se pode furtar, comovem-me de tal forma que retorno a falar contigo, alma sofredora de Angola!

Ainda não saída do quase primarismo, inculcaram-te falsas ideias de liberdade, e, chorando a pesada canga que demoradamente te esmaga os ombros, fazes-te criminosa onde poderias semear paz e cultivar esperança!

É verdade que o teu *kindungu* triste solicita entendimento e melhores condições de vida para o teu povo, há muitos séculos escravizado. O ódio, porém, ateia as chamas da loucura que atraiçoa e, por onde passa, deixa apenas cinza e viuvez, orfandade e miséria.

Clamas que não te libertaram da malária nem da doença do sono, ora novamente renascida, a destruir tua vida em milhares de corpos; demoram devoradores nas tuas carnes a pneumonia, que a tua ignorância não compreende, a fim de evitá-la; o tétano, em consequência da imundície; as febres; a tuberculose... E afirmas que os teus filhos perecem por desnutrição, atingindo um dos mais altos índices de mortalidade infantil neste mundo de contrastes. E tens razão!

Com as mãos em armas, agitada por inconfessáveis interesses que te insuflaram outros algozes, desejas progresso, mas fomentas a guerra, seguindo a trilha errada.

Ainda ontem, porém, relembro que em Equimina, na Benguela, teus filhos desejavam repetir estranho ritual, de-

Sol de esperança

vorando os brancos para os quais preparavam a salmoura; no entanto, Deus poupou-te à nova selvageria antropofagista, e sofreste na alma o preço de tal projeto-loucura...

Possivelmente não te deram maior quota, além da exploração das tuas forças devoradas pela exaustão, quando te consumiram, após vencerem os teus *sobas*.

Pregaram que deverias ser submissa e fizeram-te galé; ensinaram-te a trabalhar e tornaram-te *autóctone,* como te chamam, proletária da miséria e da fome; ofereceram-te lar nas tuas terras, mas não te prepararam para habitá-lo, e o fizeste *kubata* como a tinhas antes; falaram-te de Jesus, mas não eram verdadeiramente Seus discípulos, esses que mandavam crer no *deus branco,* pois nunca te remuneraram o trabalho! ...

As tuas primeiras aspirações nativistas foram afogadas em sangue, impedindo-te de sonhar e amar nessas *kalunga* em que os teus quatro e meio milhões de filhos necessitariam de escolas para sonhar com o Infinito e falar com as estrelas; de hospitais para sobreviver por um pouco mais; de oportunidades de trabalho fora dos muros da criadagem, nos quais só os cães confraternizam contigo... Como são rudes os brancos com os teus filhos, embora aparentem estimá-los!

Talvez não possas dialogar, pois nem sequer aprendeste corretamente a falar. Teus dialetos *Kimbundu e Kikongo* são reduzidos em vocábulos, mas os teus *embondeiros* talvez expressem, no tormento das suas formas e galhadas e no volume disforme do seu tronco, o que és, o que padeces e o que vales... Não atribuem nenhuma utilidade a esses *baobás* exóticos e assim se referem a ti, esquecidos de que o povo é o que dele faz a civilização, a cultura...

Os teus *bailundos* já eram massacrados e, talvez, agora, se pudesses dispor da vontade, tornarias às rixas tribais, reacendendo os ódios transatos em combates de extermínio recíproco em que te aniquilarias.

Ainda ontem estavas com alarmantes sinais de antropofagia[9] e pouco antes disso os teus dois reinos de *Benguela e Luanda* se disputavam primazia, por meio de lutas cruentas.

Sob as tuas verdes terras, bem sabes, dormem jazidas de riquezas inexauríveis quase, com que um dia surgirás entre as nações, como valiosa cooperadora nobre na construção do mundo novo. E porque tens o destino da paz, demoram- -se guardados, para surgirem no momento próprio, os valores inesgotáveis que estão esperando no teu subsolo...

Suplico, agora, retornar para sentar-me junto às tuas agrupações e juntar as mãos escuras dos teus meninos, para outra vez ensiná-los a orar e falar-lhes de Jesus-Menino, que amava a paz e preconizava a mansuetude. Se me for permitido, porém, antes que a aurora do amanhecer se tisne do sangue de novas vítimas, retornarei às tuas terras para caminhar contigo, povo de Angola, na direção do porvir tranquilo e confiante com Jesus.

Tem paciência!

A madrugada sempre vence a noite de receio, por mais espessas e demoradas sejam as trevas do terror.

Alma querida de *KiaNgola: lalapo, amendítiúka!* [10]

Mons. Manuel Alves da Cunha
(Luanda, Angola, 20 de agosto de 1971).

---

[9] Constatou-se que em 1936, em Seles, Angola, ainda havia festa e rituais com vestígios de antropofagia (nota do autor espiritual).

[10] Vocabulário: *lalapo* – adeus (até breve); *amendítiúka* – eu voltarei. (Idioma Kimbundu).

29

AINDA, A FRATERNIDADE

O impositivo da fraternidade entre os homens a cada dia mais se faz relevante. Instrumento de paz, a fraternidade é, de início, o amor em plena instalação.

Para cultivá-la, no entanto, não há como, senão abdicar do egoísmo e dos seus múltiplos sequazes, que instalam, incessantemente, balizas de incompreensão e rebeldia em todos os lugares em que nos encontramos.

Fala-se, discute-se, programa-se, encena-se muito a convivência fraterna, mas se produzem poucos esforços para concretizá-la.

Ninguém cede nos *pontos de vista*, nas discussões, mesmo quando o objetivo comum seja elevado e de resultados benéficos para todos.

Muitas vezes o pensamento é unânime, e como a forma de apresentá-lo diverge, não se permitem os expositores o exame dos conceitos, com a necessária serenidade, e logo grassam as dissensões. Os olhos se injetam, a voz se altera, a fisionomia se turba, a respiração descompassa e a ira comanda os resultados, que geram ondas de animosidade inconsequente, nefanda...

Diversos Espíritos/Divaldo Franco

❄

Colocados lado a lado com os seres humanos, nossos irmãos, em jornada evolutiva, eduquemo-nos para viver pacificamente, suportando-nos, uns aos outros, de modo a conseguirmos tolerância recíproca e fraternidade legítima.

Para o tentame, coarctemos a palavra azeda, o verbete ofensivo, a expressão deprimente, evitando o comentário ácido e maledicente que logo produz uma colheita de ofensas e reprimendas.

Madame Roland, a célebre jacobina da França, ante as arbitrariedades e atentados praticados pelos idealistas e promotores da revolução, proferiu com imensa amargura: "Fraternidade, fraternidade, quantos crimes se cometem em teu nome!"

❄

Jesus, o Sublime Governador da Terra, para ensinar fraternidade, conviveu com as mais díspares pessoas, tolerando-as, ajudando-as, amando-as. E mesmo entre os Seus *chamados*, quando grassavam rixas e discórdias, mantinha-se sereno e gentil, para assegurar que o verdadeiro amor se fixa na razão direta em que a fraternidade se faz ternura, e de modo que o socorro esteja sempre presente, atendendo às necessidades gerais.

JOANNA DE ÂNGELIS
(Lisboa, Portugal, 29 de julho de 1970).

30

EXULTEMOS

Em sua incessante busca, o pensamento filosófico desgoverna-se e estabelece diretrizes ousadas em torno de Deus e da Religião, criando escolas novas de indagação; a Ciência nascente desarticula as afirmações do passado a respeito da alma, da realidade divina e da imortalidade, estruturando novos conceitos e demolindo milenárias afirmações sobre a vida e suas manifestações; a Religião, entibiada nos seus propósitos, desencastela-se dos fundamentos esposados e se desagrega, deixando-se corroer, e, ante as ambições desmedidas dos falsos pastores que a divulgam, a anarquia se estabelece, o caos predomina...

Afirma-se, então, o pensamento tecnológico, plantando as bases da nova Humanidade do século XIX. Tem-se a impressão de que a mudança do racionalismo para o cientificismo oferecerá ensejo de mais amplas possibilidades com uma consequente estabilidade do homem para o futuro.

Todavia, o desenvolvimento técnico, arbitrariamente avançando sem controle, fez com que, em breve tempo, as nações famélicas de poder e gozo arrebentassem as amarras do equilíbrio e, atirando-se umas contra as outras, devoras-

Diversos Espíritos/Divaldo Franco

sem-se reciprocamente em carnificinas que continuam a se repetir, inigualáveis. A dor chora sobre o corpo tombado dos povos vencidos, e outros povos, na condição de abutres, banqueteiam-se sobre o cadáver das instituições que se permitem vencer. Acredita-se, dessa forma, que o *espírito* do Cristo encontra-se apartado da alma da Humanidade! O luto, o opróbrio, a orfandade, o desespero se abraçam e uma angústia cai, então, sobre a Terra enlutada, devastando as melhores aspirações. É exatamente nessa hora que a promessa de Jesus, a respeito da imortalidade triunfante, faz-se constatar, quando o silêncio da masmorra sepulcral se desfaz, e os considerados *mortos* se põem a dirigir os destinos dos *vivos*, como sempre fizeram, especialmente agora, de maneira evidente, convocando-os a uma nova e duradoura construção a respeito do pensamento e da vida, em bases superiores.

Os Espíritos, invencíveis na indumentária transcendente da imortalidade, descem à Terra, fazendo que as suas vozes irrompam como catadupas que arrebentam o granito da rocha e ressoem por toda parte, clamando: "Ave, Cristo! Aleluia!", despertando, em definitivo, as almas amolentadas no erro, intoxicadas pelas paixões, para elas descortinando as paisagens festivas da vida imperecível, que se desdobra além da sepultura.

Não mais a morte a governar destinos, tampouco o propalado aniquilamento *post-mortem*, a distorção dos ideais éticos pela desnecessidade do sacrifício, o nada... A vida estruge, exuberante, depois da destruição dos tecidos orgânicos. E o homem, na sua legitimidade, volta a cantar a excelência da vida.

Sol de esperança

Aumenta a sociedade de consumo fascinada pelas fatias largas do poder terreno, argumentando e construindo sofismas em falsos fundamentos científicos.

Ante as novas conquistas do conhecimento, a Metapsíquica perde o caráter que a si se atribuía por concluir pela realidade da Vida verdadeira: a Vida espiritual! Colocada em condição subalterna, passam as anteriores afirmações a plano secundário e o seu antigo papel relevante na investigação dos fenômenos sobre a imortalidade esmaece, enquanto o homem marcha na direção da perfectibilidade que o deslumbra.

As ciências psicológicas interrogam amparadas em novas denominações, apoiadas em métodos complexos de investigação e aplicam o *bisturi* da dissecação experimental, encontrando nos sutis tecidos do psiquismo a resposta da Vida aos problemas que até então jaziam insolúveis na Genética e na Biologia, na Eugenia e na Psicologia clássica, na Antropologia e na Sociologia...

A Filosofia, colhida de surpresa, investiga e propõe questionários novos na apresentação, quanto antigos na sistemática. Os *mortos*, lúcidos, respondem-nos, sugerindo conceituações que fascinam, elucidando os antigos enigmas da personalidade humana, do destino, do ser, da vida mesma, ensejando uma ética otimista capaz de libertar o homem do suicídio, do ódio, dos antigos inimigos do seu verdadeiro Eu, iniciando pelo próprio egoísmo desvairado, esse vândalo cruel que supera as mais fortes aspirações da coletividade.

E a Religião, cujo conteúdo se encontrava esvaziado, abre-se agora ao influxo da Revelação comprovada, dando agasalho em seu colo à Mensagem do Pai Celestial, que chega, assim, em forma alvissareira, sob o comando do amor,

Diversos Espíritos/Divaldo Franco

da fraternidade, da clemência e da solidariedade a todos os homens, encimados pelo ideal da caridade, que é a resposta divina às humanas aspirações.

Esta é a informação da Espiritualidade – o esclarecimento da Doutrina Espírita – que nos liberta dos gravames do pretérito pela sua elucidação e do presente, mediante o esclarecimento do futuro; que abre a porta do entendimento a diversos problemas que jazem amortalhados na intimidade do nosso coração e nas paisagens sombrias da nossa mente; o Consolador prometido por Jesus, que nos vem enxugar as lágrimas da saudade, o suor do desespero, sustentar-nos na paralisia do leito, na premente desgraça, em todo mau fado, dizendo-nos que tudo passa, a dor tem uma razão de ser, porque o homem é a consequência de si mesmo, arquiteto, pois, que se faz do próprio destino. Nos mesmos termos, levanta-nos o ânimo alquebrado para que, através das forças positivas operantes no bem, possamos edificar o nosso porvir radioso na direção da nossa Vida espiritual – a Vida verdadeira que a todos conclama e conduz!

Exultemos, portanto, aqueles que somos aquinhoados pelo largo favor da Divindade, constatando-se desde agora as realidades do Mundo espiritual, realidades que a todos surpreendem sempre, hoje ou mais tarde, convocando-nos à desarticulação dos problemas, amparados nos novos valores positivos sobre a vida, por meio dos imperiosos, inevitáveis retornos à indumentária carnal para o impositivo da reencarnação, enquanto perdurarmos na teimosia e na ignorância.

Exultemos, repetimos, e louvemos a Jesus, o Herói da Sepultura Deserta, que, não obstante o mausoléu novo ofertado por José de Arimateia, desapareceu da masmorra sombria, em plena madrugada de júbilos, para retornar àqueles

Sol de esperança

corações que permaneciam fiéis e que O aguardavam, com a certeza inefável da Ressurreição, depois da jornada sombria pelo vale da morte...

Preparemo-nos, desde logo, através de uma existência operosa e nobre, porquanto justo e digno do seu salário é o trabalhador, sendo-nos, assim, lícito, que recebamos consoante o nosso mérito, quando da inversão do capital da existência, em forma de horas aplicadas na lavoura da dignificação humana, tendo em vista o nosso despertar no Mundo espiritual, ou em nova marcha da indumentária orgânica, na futura vida material da Terra, até o momento da libertação definitiva...

ANTÔNIO J. FREIRE
(Lisboa, Portugal, 15 de agosto de 1970).

31

FORTUNAS DE AMOR

Um imenso vazio na alma; profundo abismo cheio de tristeza e inexplicável nostalgia. Aonde vais, com o que defrontas, quanto observas exteriormente, não obstante a gratidão a Deus, experimentas a mesma surda melancolia.

A arte e a cultura, a beleza e o poder, a poesia a manifestar-se na paisagem colorida que muda de aspecto, a todo instante, impressionam-te, e tens explosões de júbilo. Logo, porém, a mesma ausência...

Perguntas-te o porquê de tudo isso.

Todos falam das alegrias e gozos de que se dizem possuídos e ruidosamente perambulam pelos diversos lugares do mundo, exibindo a face aberta e o sorriso largo. Tu, ao contrário. Que ocorre?

Sucede que essas expressões não traduzem felicidade. Talvez alguns desses estejam embriagados e não possuam lucidez bastante para distinguir o que se passa. Os outros, possivelmente, não têm, ainda, o real anseio de paz, por transitarem nas faixas da sensação, aspirando a nada...

Anseias por muito mais.

Possuis o ideal da verdade, e este é o amor, alma e expressão da vida.

Sem amor, a esperança se dilui e a vida se extingue.

Por isso, somente no ideal do amor maior, colore-se tua face, e tuas alegrias estrugem, dando radioso brilho a teus olhos.

Insiste, porém, na vilegiatura da aprendizagem.

Repassa experiências.

O passado deixou fundos sulcos no teu Espírito, o que motiva teu estado d'alma.

Os teus amados talvez não saibam do quanto valem para te socorrerem no imenso caminho da redenção!

Ama-os mais. Eles são, também, as mãos do teu ideal maior, construindo contigo a ventura de muitos.

❁

Alma cristã em jornada bendita: não desanimes na noite da soledade!

Fixa os marcos das pequenas vitórias interiores e avança na direção da vitória final.

Não te refiras a desencantos nem a tristezas.

Não te afadigues em demasia.

Por mais longa, uma vida física é demasiadamente breve.

Acalma-te mediante a manutenção dos pensamentos superiores, assinalando cada momento com uma construção enobrecedora. Quando olhares a retaguarda, ele te bendirá, através dos feitos.

Irrisão tentar conquistar tudo. Os poderosos, papas, reis, soldados passam. A morte os toma a todos, indiscriminadamente.

Sol de esperança

Realidade conquista-se. As conquistas íntimas não desaparecem com a morte.

Não saias, pois, das linhas do dever que eleges como fanal maior.

Exalando odor evangélico, teus amados te amarão, e as dores não te magoarão em demasiado.

Compreenderás porque, examinando o mundo e as suas realizações, afirmou Jesus: "Onde estiver o tesouro, aí estará o coração." Esteja o teu coração onde se encontrem os valiosos tesouros do amor que "a traça não rói, a ferrugem não consome, nem os ladrões roubam."

JOANNA DE ÂNGELIS
(Paris, França, 11 de agosto de 1970).

32

OBSESSÃO POR FASCINAÇÃO

– Veja, por favor, estas mãos. São instrumentos de cura. Um simples toque, uma imposição, e o resultado é a saúde. Também vejo. Luzes e Entidades de grande porte espiritual aparecem-me e falam-me que tenho uma missão na Terra. Estou aguardando-a.

"Ah!... Os fenômenos na minha vida são sensacionais. Falo dominado por estranha força, inconscientemente, e no meu lar as demonstrações espirituais são tantas!...

"Sim! Uma vez, em que eu orava, fui acometido por uma visão. Percebia-me em um verde monte, acompanhado por pessoa amiga. Repentinamente ouvi que me diziam: – "Tu és o Cristo". As lágrimas me vieram aos olhos. Pedi uma prova. Despertei e, verificando-me, encontrei no meu corpo uma cruz, um sinal inconfundível...

– Acredito que o amigo...

– Não lhe narrei tudo. Certa feita, enquanto eu falava, diversos médiuns videntes registraram a presença de Jesus ao meu lado. Noutra ocasião, estava a caminhar pela rua, horas avançadas da noite, quando alguém me tocou o ombro. Voltei-me. Era um apóstolo, se não me engano, o evangelista João. Falou-me demoradamente. Esqueci-me logo depois. Estou, é claro, aguardando para saber qual será a minha missão na Terra.

– O senhor, porém, nessa idade, ainda está a aguardar...

– Lembrei-me mais. Desculpe-me interrompê-lo. Já fui chamado de apóstolo também. Sobre a minha casa há caído chuvas de fluidos superiores e, quando ergo as minhas mãos, nas conferências, delas saem chispas. Todos veem. Qual será a minha missão? É claro que já não sou um jovem.

– Há quanto tempo o senhor tem esses recursos e espera pela missão?

– Bem, desde 1917, ou melhor, 1918, logo após o fim da 1ª Guerra Mundial. Não tenho podido fazer o que gostaria, porque ainda não sei qual é a minha missão. Curo com a simples presença e vejo. Espero agora saber o que devo fazer.

– Pela Lei natural, já está em tempo de preparar-se para a desencarnação, a fim de prestar contas do muito que recebeu durante a existência...

– E a missão?

– Missionários, há muitos, na Terra, que assim se creem. Jesus, porém, continua esperando por operários dedicados, porque continua grande a seara e são poucos os trabalhadores.

– Bem, mas eu permanecerei esperando que alguém me informe qual é a minha missão. Só assim pensarei em fazer alguma coisa...

✺

Servidor, age e serve sem cansaço, enquanto outros esperam indefinidamente pela missão.

IGNOTUS

(Novo Redondo, Angola, 22 de agosto de 1971).

33

ALVORADA ENTRE SOMBRAS

A Humanidade encontra-se ainda tentando ensaios novos de civilização. À semelhança das antigas culturas do Oriente, as experiências nesse campo se situam, não raras exceções, na costa dos continentes ou à margem dos grandes rios, não obstante as megalópoles modernas que florescem nas regiões centrais do globo.

Tomemos por exemplo o continente africano, cujo norte, no passado, foi berço de povos gloriosos, hoje decadentes, senão desaparecidos, cujas cidades, porém, quase inexpugnáveis quando no esplendor da sua grandeza, continuam não ultrapassadas, graças ao engenho e suntuosidade das suas construções. Nelas desenvolveram-se ciências, artes e crenças que atingiram expressão insuspeitável até há pouco esquecidas, e hoje ressuscitadas do bojo dos seus faustosos mausoléus, sarcófagos, templos e ruínas, que a curiosidade turística mal percebe, no bulício irrequieto da sua movimentação.

Naquelas terras nortenhas, os púnicos levantaram Cartago, por volta da metade do século IX a.C., e, logo após, foram paulatinamente assoladas por povos diversos que lhes buscavam as riquezas em crescente avidez, aviltan-

Diversos Espíritos/Divaldo Franco

do-as com morticínios cruéis, nos quais homens e chacais pareciam procedentes de um tronco comum...

Há 3.400 a. C. surgiram as primeiras expressões gráficas, através dos hieróglifos e, logo depois, o rei *Escorpião* deu início, desde o Alto Egito, a um programa de unificação de povos, que só mais tarde seria possível concretizar, nos dias de Menés ou Narmer, do que surgiram as grandes dinastias.

Celeiro das raças mais diversas e tipos os mais variados, podem-se encontrar desde os brancos bérberes, israelitas, árabes ao norte, aos da região central e sul, constituídos por povos negros, sudaneses e bantos, pigmeus e hotentotes, frutos dos seus primeiros habitantes, que sempre estiveram em guerras lancinantes, contínuas.

Lar dos primeiros *hominídeos,* através dos *australopitecíneos,* ali começou, praticamente, a jornada evolutiva da forma humana e do princípio anímico na direção do homem atual...

Primitivamente, cuna da cultura egípcia, sempre amparada pelo Nilo, esse povo resultante das raças hamítica e semítica edificou os colossais monumentos da História Antiga que mais se destacaram, revelando-se excelente no culto aos *mortos*, de cujas informações se beneficiava para a edificação da própria grandiosidade.

Os romanos ali também se estabeleceram, desde Júlio César, percorrendo as terras irrigadas pelo rio providencial, responsável pelo seu esplendor, enquanto os árabes se estenderam pelas diversas raças, visitando e povoando o litoral oriental...

❂

Sol de esperança

De D. João I, no século XV, porém, quando foi tomada Ceuta, ao século XIX, os portugueses, a pouco e pouco, descobriram-na e se impuseram belicosamente aos diversos gentios.

Mais tarde, no período final, os lusos foram amparados por outros países europeus que estabeleceram as diversas colônias que lhe vêm exaurindo as riquezas e dizimando as suas raças, animais e humanas, de cuja fauna preciosa muitos espécimes já se encontram desaparecidos, sem qualquer vestígio nas atuais reservas, que, possivelmente, a posteridade não verá.

Desejavam os portugueses, de início, estabelecer nas suas costas entrepostos que pudessem balizar o caminho marítimo para as Índias, cuja atração os fascinava.

Por volta de 1885, na Conferência de Berlim, as grandes potências que a conquistaram resolveram dividi-la em quatro regiões ou estados: independentes, zona internacional, francesa e comunidade britânica, respeitadas, porém, as possessões portuguesas em colonização desde séculos anteriores, onde floresceu, nas costas angolanas, o rico mercado de escravos, de certo modo, repetição da escravatura reinante entre todos os povos antigos, inclusive ali mesmo, quando os vencedores das guerras que mantinham direito arbitrário, é certo, sobre a vida dos vencidos, deles faziam o que lhes aprouvesse, quase sempre vendendo as mulheres jovens, crianças e homens sadios, e eliminando, em consequência, os considerados inúteis...

Mesmo nas tribos semibárbaras, os chamados *mukubais* de Angola, ao aprisionarem os *mum'huílas,* tornavam-nos seus escravos, os quais foram dos primeiros a serem vendidos ao homem branco para os transportar

Diversos Espíritos/Divaldo Franco

às longes terras... No século XVIII, por exemplo, o triste mercado trazia para as Américas cerca de 100.000 nativos, anualmente...

Explorada largamente no século XIX por muitos, especialmente por Livingstone e Henry Stanley, entre outros, passou a ser disputada pelos europeus, apesar das dificuldades naturais para ser conquistada, graças à ausência de portos, características especiais de relevo, condições climáticas e outras...

Aparentemente fadada a sofrimentos intérminos, grande parte vem-se rebelando contra o jugo estrangeiro, especialmente na década de 1950/60, ora estimulada por sentimentos nativistas, vezes outras acionada por hábeis manobras externas, pretendendo, em suma, o anseio de todos: a liberdade! De efêmera duração, porém, tem sido para alguns a liberdade, graças à imaturidade dos seus filhos, que se vêm entregando a hediondas carnificinas tribais nas quais ressurgem os ódios pretéritos, ou, então, conclamada por fomentadores profissionais de guerras internas, que consomem esses povos recém-organizados, passando de um títere a outro, enquanto as criaturas continuam gemendo, cativas, transitando de mão a mão, de opressor a opressor...

Noutras oportunidades, as lutas de fronteiras hão produzido choros desesperados sobre o corpo exangue e destroçado das ambições, em que ética e fé são desfraldadas como resíduo do colonialismo que deve ser destruído para o renascimento dos seus deuses primários, quase sempre, e dos seus estatutos tribais normalmente arbitrários e fanáticos.

De formação *fetichista*, os seus povos, exceção feita aos islamitas, cultuam a crença nos Espíritos por hereditariedade psicológica, vivendo de preferência em regime de

Sol de esperança

"economia fechada", em que tentam a sobrevivência difícil no áspero mercado competitivo das trocas internacionais.

E isto porque os dominadores de ontem esqueceram que a canga da usurpação um dia cede, mesmo quando transcorridos muitos séculos, ao anseio de autodireção, de autodeterminação. Fenômeno de ordem instintiva, a comunidade biológica aspira, por impositivo do progresso irretardável, à ação elevada da paz, mas também da independência que lhe é base salutar.

As religiões que poderiam ter-se transformado em herança imperecível, quase sempre estiveram ao lado dos fortes, amparando os crimes de aparência legal, a prepotência, a escravidão – embora lutassem contra ela depois –, igualmente prepotentes pelo impositivo de desejarem substituir uma por outra crença sem o necessário amadurecimento do crente, que passava a aceitar o novo deus como o fazia com o novo senhor, temendo-o e submetendo-se sem o compreender, nem o amar. Expulso o amo, ou por ele abandonado, esquecia-se o deus e, sem dúvida, logo o escarnecia.

As forças em beligerância na Terra sempre conflagrada veem, ainda hoje, na sua imensidade territorial por cultivar, valioso campo para o expansionismo e para novas sortidas exploradoras, desejando ali restabelecer quartéis, em que, incessantes, exaustivas guerras e técnicas de guerrilhas prosseguem a ceifar vidas de parte a parte, sem próxima nem prática possibilidade de lugar comum para o entendimento, graças aos escusos móveis das suas determinações.

Virgem, sob muitos aspectos, ainda possui povos, quais os *pigmeus,* reacionários a qualquer manifestação social, que vivem sob árvores, em violenta extinção, ou os *boximanes*, que sofrem posição mais precária, ou muitos *bérberes* e *árabes*, vítimas dos tormentosos êxodos nas suas jornadas nômades incessantes.

Com aproximadamente 250 milhões de habitantes – 7,6 habitantes, em média, por km² –, é quase despovoada, exceção feita a reduzidas áreas de maior densidade populacional; seus filhos padecem, na parte sul, por exemplo, dolorosas constrições impostas pelo branco, não obstante os anseios de cultura e paz vigentes nas modernas comunidades do mundo.

Experimentando o impositivo tecnológico que o progresso lhe impõe, o obituário nas minas diversas de extração subterrânea atinge cifras alarmantes, para nos referirmos apenas a um só desses múltiplos fatores, o que traduz a ausência das mínimas necessárias condições de adaptação, educação, assistência...[11]

Em muitas das suas nações novas, tropas mercenárias infestam as ideias de violência, estimulando o atavismo guerreiro, insuflando ódios e tornando-se redutos para infelizes ataques às terras vizinhas.

Em outras muitas, o *totem*, que exigia o sangue de vítimas humanas para aplacar a própria ira, renasce em formas modernas do deus-Estado, exigindo vidas sob o disfarce da justiça, mediante a pena capital, enquanto a Religião, em alguns lugares, prossegue difundindo um deus amante do racismo, fomentador das divisões sociais em castas, apaixonado e vingador...

---

[11] Não se examinando o problema cruel da *silicose* nas minas de carvão, a *asbestose* (das minas de amianto da cidade do Cabo) mata, em média, cinco indígenas por semana, ou 1.309 a cada cinco anos (nota do autor espiritual).

Sol de esperança

Simultaneamente, a aceitação do Cristianismo em diversas outras comunidades e províncias, mesmo após os esforços do Concílio Ecumênico Vaticano II, faculta a perseguição aos não cultivadores da religião oficial, utilizando antigos métodos medievais, atestando que têm sido inócuos os esforços de quantos lutaram pela fraternidade, considerando os cultores da intolerância e do obscurantismo.

Ignoram ou teimam por ignorar, esses arbitrários malversadores dos direitos humanos, que são inúteis as campanhas malsãs, que somente geram ódios e produzem vítimas, cujo sofrimento se converte em adubo, e seus silêncios, em clamor para fertilizar e difundir as ideias pelas quais oferecem as vidas. São eles os mártires de todos os ideais e de todos os tempos, os semeadores da esperança e os desbravadores das florestas espessas do primitivismo, abrindo as clareiras para a paz e para o progresso das gerações que os sucedem...

❂

Felizmente, medram já as primeiras plântulas do vero Cristianismo em terras de África, ensejando possibilidades de futuros pomares, onde as flores, os frutos e os grãos do pão espiritual se multiplicarão indefinidamente, arrancando das sombras que persistem a alvorada do amor que se espalhará em futuro próximo, por sobre toda a Terra.

Dormindo antes, e somente agora em exploração, suas quase inesgotáveis jazidas minerais serão utilizadas em época de maior entendimento entre os homens, quando os dominadores transitórios do mundo estiverem com as mãos vazias de tesouros e os silos desnutridos de grão.

169

Diversos Espíritos/Divaldo Franco

Quando a hedionda belicosidade animal desaparecer no homem, vítima ainda no momento da própria impulsividade – fator lamentável que o impele a conquistas e progressos técnicos –, aqueles povos sofridos e macerados sairão do guante da dor para as praias da saúde, e então os *autóctones* africanos de hoje, ajudando os seus antigos verdugos, ressurgirão num continente reabilitado – celeiro para o mundo, qual a América e, em particular, o Brasil –, abrindo portas de luz à paz, ao amor e à felicidade.

LÉON DENIS
(Luanda, Angola, 29 de agosto de 1971).

34

ROSAS DA CARIDADE

Caridade, alma da vida!

Esparge tuas bênçãos sobre nós.

Silêncio no infortúnio, és a mão operosa da esperança.

No seio da orfandade, fazes o teu colo maternal.

No desabrigo do sofrimento, tornas-te senda de tranquilidade.

Na estrada difícil das aflições, transformas-te em roteiro abençoado de carinho e conforto.

Alma formosa e boa, fomentas a misericórdia de Nosso Pai, na Terra referta de padecimentos ultores.

Enquanto o poder campeia enlouquecido, e a carraça do mal insiste, vencendo distâncias, sê tu, alma da caridade, a presença suave de Jesus no coração dos infelizes da Terra.

Em noite escura, acende a claridade do amor.

Nos conflitos generalizados, coloca a mansuetude da tua paz.

Todos os tesouros com que os homens se aquinhoam não valem o expressivo bem da tua misericórdia.

Rosas da Caridade de Jesus!

Todos os hinos de louvor que te dediquem não cantam a excelência da tua mensagem redentora.

Todas as palavras vibrantes com que procuram definir-te os vislumbres divinos empalidecem em face da tua própria grandeza.

Caridade, mensageira de Deus, que me enriqueceste o coração na Terra, que és o tesouro dos infelizes, esquecidos pelos homens, bendita sejas, traduzindo a glória do Altíssimo nas penedias tormentosas da humana miséria.

Alma da caridade, rica e boa, eu te bendigo, arauto divino da felicidade, que reverdeces a terra depois da canícula devastadora que tudo cresta ou do vendaval das paixões que tudo destrói.

Cultivar-te no jardim da alma, com todo o ser, é a inadiável tarefa que nos impomos, a fim de nos redimirmos no ofício transcendente da tua realização.

Caridade! Caridade! Presença Divina no relicário do espírito humano, bendita sejas!

Que a Caridade de Deus nos penetre a vida, impulsionando-nos na direção da luta sublime!

ISABEL
(Lisboa, Portugal, 15 de agosto de 1970).

35

RESPONSABILIDADE NO MATRIMÔNIO

Interrogam, muitos discípulos do Evangelho: não é mais lícito o desquite[12] ou o divórcio, em considerando os graves problemas conjugais, à manutenção de um matrimônio que culmine em tragédia? Não será mais conveniente uma separação, desde que a desinteligência se instalou, ao prosseguimento de uma vida impossível? Não têm direito, ambos os cônjuges, a diversa tentativa de felicidade, ao lado de outrem, já que se não entendem?

E muitas outras inquirições surgem, procurando respostas honestas para o problema que dia a dia mais se agrava e avulta.

Inicialmente, deve ser examinado que o matrimônio, em linhas gerais, é uma experiência de reequilíbrio das almas no orçamento familiar. Oportunidade de edificação sob a bênção da prole – e, quando fatores naturais coercitivos a impedem, justo se faz abrir os braços do amor espiritual às crianças que gravitam ao abandono – para amadurecer emoções, corrigindo sensações e aprendendo fraternidade.

---

[12] Atualmente, o desquite equivale à separação judicial, nos termos do código civil de 2002 (nota da Editora).

Não poucas vezes os nubentes, mal preparados para o consórcio matrimonial, dele esperam tudo, guindados aos paraísos da fantasia, esquecidos de que esse é um sério compromisso, e todo compromisso exige responsabilidades recíprocas a benefício dos resultados que se desejam colimar.

A *lua de mel* é imagem rica de ilusão, porquanto no período primeiro do matrimônio, nascem traumas e desajustes, inquietações e receios, frustrações e revoltas, que despercebidos quase, a princípio, espocam mais tarde em surdas guerrilhas ou batalhas lamentáveis no lar, em que o ódio e o ciúme explodem descontrolados, impondo soluções, sem dúvida, que sejam menos danosas do que as tragédias.

Todavia, há que se meditar, no que concerne aos compromissos de qualquer natureza, que a sua interrupção somente adia a data da justa quitação. No casamento, não raro, o adiamento promove o ressurgir do pagamento em circunstâncias mais dolorosas no futuro, em que, a pesadas renúncias e a fortes lágrimas, somente se consegue a solução.

❁

Indispensável que para o êxito matrimonial sejam exercitadas singelas diretrizes de comportamento amoroso.

Há alguns sinais de alarme que podem informar a situação de dificuldade antes de se agravar a união conjugal:

Silêncios injustificáveis quando os esposos estão juntos.

Tédio inexplicável ante a presença do companheiro ou da companheira.

Ira disfarçada quando o consorte ou a consorte emite uma opinião.

Sol de esperança

Saturação dos temas habituais versados em casa, fugindo para intérminas leituras de jornais ou inacabáveis novelas de televisão.

Irritabilidade contumaz sempre que se avizinha do lar.

Desinteresse pelos problemas do outro.

Falta de intercâmbio de opiniões.

Atritos contínuos que ateiam fagulhas de irascibilidade, capazes de provocar incêndios em forma de agressão desta ou daquela maneira...

E muitos outros mais.

❋

Antes que as dificuldades abram distâncias e os espinhos da incompreensão produzam feridas, justo que se assumam atitudes de lealdade, fazendo um exame das ocorrências e tomando-se providências para sanar os males em pauta.

Assim, a honestidade lavrada na sensatez, que manda *abrir-se o coração* um para o outro, consegue corrigir as deficiências e reorganizar o panorama afetivo.

É natural que ocorram desacertos. Ao invés, porém, de separação, reajustamento.

A questão não é de uma *nova busca*, mas de redescobrimento do que já possui.

Antes da decisão precipitada, ceder cada um, no que lhe concerne, a benefício dos dois.

Se o companheiro se desloca lentamente da família, refaça a esposa o lar, tentando nova fórmula de reconquista e tranquilidade.

Se a companheira se afasta, afetuosamente, pela irritação ou pelo ciúme, tolere o esposo, conferindo-lhe confiança e renovação de ideias.

O cansaço, o quotidiano, a apatia são elementos constritivos da felicidade.

Nesse sentido, o cultivo dos ideais nobilitantes consegue estreitar os laços do afeto e os objetivos superiores unem os corações, penetrando-os de tal forma que os dois se fazem um, a serviço do bem. E em tal particular, o Espiritismo – a Doutrina do amor e da caridade por excelência – consegue renovar o entusiasmo das criaturas, já que desloca o indivíduo de si mesmo, ajuda-o na luta contra o egoísmo e concita-o à responsabilidade ante as Leis da Vida, impulsionando-o ao labor incessante em prol do próximo. E esse próximo mais próximo dele é o esposo ou a esposa, junto a quem assumiu espontaneamente o dever de amar, respeitar e servir.

Assim considerando, o Espiritismo, mediante o seu programa de ideal cristão, é senda redentora para os desajustados e ponte de união para os cônjuges, em árduas lutas, mas que não encontraram a paz.

JOANNA DE ÂNGELIS
(Lisboa, Portugal, 15 de agosto de 1970).

36

EVANGELHO EM FAMÍLIA

As ansiedades aquietam-se vagarosamente. Ignotas harmonias envolvem o ambiente, e dúlcidas vibrações, que perpassam em breve, saturam o recinto. Este parece exsudar desconhecida atmosfera que tudo domina, predispondo à paz.

Os sentidos se aguçam, a tensão tormentosa se descontrai, inefável bem-estar assoma pelo corpo e pela mente, e suave emoção desintoxica os entorpecidos órgãos humanos, propiciando renovação interior, sob auspiciosa esperança.

A tranquilidade, docemente, palpita em todos, vitalizando-os, enquanto o silêncio natural favorece a reflexão ao exame de consciência, abrindo as portas da percepção profunda pelo conúbio da prece.

Contínuas ondas de ar balsâmico perpassam envolventes, e o delicado roçar de mãos intangíveis, buscando entrelaçamento, produz indefinível sensação.

Miríades de pontos luminosos faíscam, à semelhança de brilhantes que possuíssem preciosos sóis miniaturizados em engastes interiores, produzindo festa de cor e claridade.

Na sombra da noite, o lar se veste de luz e se destaca na treva dominante.

Modulações que se espraiam em volta produzem desconhecida balada de amor, e logo, em movimentos contínuos, seres abençoados da Imortalidade, coroados de beleza estelar, adensam por deslumbrante via, de constituição evanescente, que desce do zimbório silente na direção da casa, em esplêndida beleza.

Almas sofredoras são conduzidas com carinho e situadas no improvisado templo-hospital, alcandorado.

Surgem flores de luminoso cristal transparente em festões multiplicados, e em torno do grupo de corações humanos sentados em volta da mesa singela, ora transformada em coruscante Via Láctea, os Espíritos confraternizam.

O Céu desce à Terra, e os apelos dos homens se elevam às alturas.

Silêncio e paz!

A família ora!

À medida que o pensamento humano se fixa na busca dos ouvidos divinos, matiza-se o ser, irisado por incomum fulgor, e quando fala, no balbuciar das palavras, as construções mentais se corporificam através dos seus lábios, em sutis exteriorizações cambiantes que impregnam o já saturado local, transformado em palácio de sonho.

Instalado o culto evangélico do lar, as expressões humanas produzem alegrias e os fluidos superiores vitalizam. Intercâmbio de amor, as lições de sabedoria cristã e espírita predispõem à coragem, à vida e penetram os seres que se reconfortam no convívio da esperança.

Sobre a água exposta, em evocação ao esponsalício de Caná, forças etéreas em vibração de difícil definição impregnam o líquido, que modifica a constituição, ora alterada pelos fluidos do Mundo espiritual.

Orando, a família se levanta e ergue com o seu esforço a Humanidade cambaleante.

A bênção da caridade esplende no socorro aos desencarnados e na assistência, pela prece intercessora, aos transeuntes da rota carnal.

O cenáculo da fraternidade pura ressurge, e, à hora da prece final, em magia de superior beleza, o Senhor se faz presente, Hóspede Divino do lar dos corações, a todos abençoando.

A pouco e pouco, quando o sono físico toma os corpos da família em repouso, depois de concluída a festa evangélica, o cortejo de Obreiros da Vida, de retorno, levam-nos às Regiões da Paz, onde se preparam para os cometimentos do porvir.

... E as estrelas, piscando, sorriem luzes acima, na noite tranquila.

Amélia Rodrigues
(Lourenço Marques, Moçambique, 17 de agosto de 1971).

37

NÃO MATARÁS

Falência dos códigos da justiça humana, arbitrária aplicação do estatuto penal, o emprego da medida capital atesta a vigência dos resquícios da barbárie, ainda dominante na organização social da Terra.

Impregnado pelas condições impositivas do instinto violento e agressor, embora os hábitos de civilização e cultura, repontam, não poucas vezes, na sociedade humana, os remanescentes primitivos da ferocidade que desforça, noutro ser, as paixões animalizantes que não consegue dominar em si mesmo.

Ser social, o homem se permite, todavia, açular sua tendência competitiva, que empreende em clima de violenta rebeldia, utilizando-se de métodos nem sempre dignos, conquanto, por meio deles, consiga triunfar. Graças a isso agride, logo que se sente ferido no amor-próprio, revidando, golpe por golpe, sem considerar os inestimáveis recursos da razão para alcançar o entendimento nas diversas lutas em que se veja envolvido. Assim, estimulado pela violência interior por que se deixa conduzir, estabelece os códigos da justiça em caráter mais punitivo do que correcional. O

Estado, desse modo, toma a si o direito sobre o cidadão, e, impossibilitado de reeducá-lo, quando atado às malhas da criminalidade, arvora-se o direito sobre a vida, ceifando-a mediante a aplicação da pena capital.

Belicoso, por ancestralidade tribal, agride muitas vezes antes de ser ferido, pensando em destruir o pseudoinimigo antes que este o ataque, do que resultam as guerras lamentáveis de extermínio, em que desce às mais baixas expressões, reduzido a sicário do próximo, em última análise, algoz de si mesmo.

Ninguém tem o direito de destruir a vida humana.

Sublime concessão divina, só ao Pai Criador compete fazê-la cessar, a benefício do Espírito em escalada evolutiva.

Todos os códigos de ética, refletindo as nobres aspirações do homem, referem-se ao *respeito pela vida*, estimulando a sua conservação e desdobrando-a na direção dos objetivos elevados.

O criminoso de qualquer jaez, não obstante a ferocidade de que alguns dão mostra, é um Espírito infeliz, encarcerado no mecanismo celular para a operação disciplinante, por meio da qual se liberta das expressões inferiores. Enfermo, conduz o gérmen da distonia de que se faz vítima, sofrendo o ominoso aguilhão da infelicidade íntima, carecente mais de tratamento do que de punição. O ato punitivo, em razão disso, estimula idêntica reação de revolta, açulando as mais sórdidas manifestações da inteligência, que, então, ressuscita as formas primárias da emotividade desgovernada para o revide sistemático.

Educação, pois, em vez de punição.

Sol de esperança

Quando um homem cai, com ele desce a Civilização, da mesma forma que, quando se eleva, com ele a Humanidade se ergue, ensaiando mais avançados passos.

Função precípua da sociedade, educar para a vida é inadiável dever que não pode ser postergado. Escasseando escolas e oficinas, hospitais e assistência, oportunidades de enobrecimento, porque rareiam recursos de edificação, a ociosidade engendra as armas do crime e a rebeldia estimula as paixões que, consorciadas, atiram o ser humano nos imensos abismos da delinquência de toda natureza, de cujo câncer padece, em alta virulência, a sociedade hodierna.

À medida, porém, que os métodos coercitivo-punitivos contra o crime ceifam a vida de criminosos, mais bárbaros se tornam estes, que sabendo da medida irremissível, não titubeiam em superar-se agressivamente, atingindo elevada posição de ódio com que se atiram contra as possíveis vítimas que defrontem.

Merecem ser considerados os largos índices dos criminosos psicopatas que enxameiam, a princípio em potencial, à margem de qualquer assistência ou socorro, até o momento em que derrapam no erro e desvelam a anomalia odienta que os destroça interiormente, conduzindo-os às aberrações criminais contra a sociedade.

À penologia, nos modernos métodos carcerários, nos quais o delinquente – indubitavelmente com a liberdade cerceada, vivendo fora da comunidade, da qual se alijou por esta ou aquela razão – é reeducado e tratado da grave enfermidade psíquica que o transtornou, mediante as técnicas da terapêutica psiquiátrica vigente, cabe reajustá-lo, de modo a fazê-lo compreender o lamentável equívoco e, a seu tempo, após reabilitá-lo, devolvê-lo ao convívio social, de modo a que refaça a vida e seja útil à coletividade.

Destruindo o homicida, de forma alguma recupera a vítima. Matar o criminoso, em hipótese nenhuma salda-se a sua dívida para com a sociedade. Fazer, no entanto, que ele produza para a comunidade que prejudicou, dar-lhe consciência da responsabilidade do crime e erguê-lo para a reparação possível – eis como ajudar e estimular o progresso geral.

As Leis Divinas não deixarão o infrator antes de corrigi-lo, mesmo aquele que passa ignorado da justiça terrena, não obstante conduzindo consigo o estigma do erro que o impele à reparação numa ou noutra reencarnação, da qual não se furtará, por impossibilidade total de se manter a consciência anestesiada *sine die*, carregando em si mesmo a manifestação da Justiça Divina.

Alegoricamente, narrava-se que a presença da forca num povoamento atestava a civilização ali estabelecida. [13]

Certo é que já houve progresso, no que diz respeito à pena máxima, reservada apenas a crimes especiais, perfeitamente classificados pela sua hedionda consumação, que fere todos os sentimentos humanos, após extenuantes julgamentos e tentadas todas as prováveis possibilidades de se impedirem enganos. Apesar disso, os erros se repetem...

Dia virá, porém, quando o homem compreender e praticar as máximas do Cristo, que a pena capital estará obsoleta e sua lembrança causará horror nas futuras organizações sociais da Terra.

Allan Kardec, examinando a problemática da pena de morte, interrogou aos Espíritos, conforme se lê na ques-

---

[13] Segundo estatística, na África do Sul são enforcados seis criminosos, em média, por semana (nota do autor espiritual).

tão 761, de *O Livro dos Espíritos*: –"*A lei de conservação dá ao homem o direito de preservar sua vida. Não usará ele desse direito, quando elimina da sociedade um membro perigoso?*"

E os mensageiros superiores responderam: –"Há outros meios de ele se preservar do perigo, que não matando. Demais, é preciso abrir e não fechar ao criminoso a porta do arrependimento."[14]

VIANNA DE CARVALHO
(Pretória, África do Sul, 11 de agosto de 1971).

---

[14] *O Livro dos Espíritos*, de Allan Kardec, 29. ed. da FEB (nota do autor espiritual).

38

FÉ COM DESCONFIANÇA

— Sou homem que acredita na Doutrina Espírita e, pois, consequentemente, nas Leis de Causa e Efeito. Ora, tenho a certeza de que desencarnarei num desastre de avião. Por isso, não me atrevo a tomar um veículo desses.

— Se você crê e sabe, deve estar consciente de que não poderá defraudar a Lei.

— Sim, porém evito e, assim, liberto-me da provável tragédia.

Um ano depois, sentado à varanda da sua casa de campo, desencarnou, vítima de um desastre aéreo... Um avião desgovernado caiu exatamente sobre a sua casa e ele não se pôde evadir.

— Aqui não há espiritista algum, de forma que será inútil abordar este assunto.

— Ora, se Jesus assim pensasse, não apresentaria a Sua Doutrina. Paulo, ao sair pregando a Mensagem de Vida eterna, não o fez onde esta era conhecida, antes, pelo contrário...

— Todavia, o Espiritismo é proibido aqui.

– Porque ignorado, como tudo que visa a libertar o homem da miséria moral em que padece.

– No entanto, o Espiritismo produz muitos desequilíbrios nervosos e outros.

– O senhor é espírita?

– Não, por quê?

– Vejo-o tão agitado... Como a sua acusação é acerca disso, poderia parecer-me que o senhor fosse profitente dessa Doutrina. O Espiritismo, todavia, é mensagem de paz, meu amigo. Busque conhecê-lo...

– Bem, eu até que acredito um pouco...

IGNOTUS
(Nova Lisboa, Angola, 25 de agosto de 1971).

39

Fiel para sempre

No embate contínuo das inúmeras paixões para a intransferível sublimação espiritual, o cristão descontente com as concessões que frui compreende a necessidade de prosseguir lutando.

O triunfo imediato, as glórias fáceis, as alegrias ligeiras não o fascinam, porque lhes confere a transitoriedade.

Ante os monumentos colossais do passado, agora corroídos pelo tempo, constata a vacuidade dos bens terrenos.

Colunas de mármores raros cinzelados, granitos preciosos ornados de metais que produzem pujança e beleza deslumbrantes ressurgem frios, tristes, aos seus olhos, narrando a história das mãos escravas que os trabalharam, lavando com suores e lágrimas de sangue a poeira que os instrumentos produziram ao dar-lhes forma, arrancando dos minerais brutos a mensagem da beleza.

Museus abarrotados de valores de alto preço, que descrevem conquistas e poder, parecem páginas que choram em esculturas quebradas e ornatos incompletos, preciosidades mortas, fitando homens que a miséria mata desde a orfandade e que, possivelmente, foram os mesmos que, um dia no passado, banquetearam-se na abastança da ilusão.

Diversos Espíritos/Divaldo Franco

Lajes que suportaram, indiferentes, o tropel de exércitos com os seus animais e carros de guerra continuam, gastas, suportando máquinas velozes que a técnica constrói...

E as paixões hoje são quase as mesmas de ontem, senão mais açuladas, mais violentas e devastadoras no homem que prossegue inquieto.

Fala-se muito sobre tais belezas, ora transformadas em mausoléus de lembranças. Sem dúvida, retratam a arte, expressam grandezas espirituais muitas delas. Fitando-as, todavia, não há como deixar de inquirir: "Se Deus concede ao homem ímpio e infeliz tanta fortuna, que não reservará ao filho generoso e trabalhador que Lhe é fiel?"

❋

Luta, pois, e sofre, mesmo sozinho.

Desencarcera-te das primitivas manifestações do instinto, por cujos impulsos tens transitado, e ascende aos panoramas da emoção superior, buscando com os sentimentos nobres e a inteligência lúcida a intuição libertadora.

Não te equivoques com o sorriso dos conquistadores iludidos, nem suponhas que, promovendo alaridos, eles hajam encontrado a felicidade. O júbilo que promove balbúrdia é loucura em plena explosão.

A alegria que brota de dentro é como córrego precioso, que nasce discretamente e dessedenta a terra por onde cantam, docemente, suas águas passantes.

A atroada dos infelizes é produzida pela fuga que promovem, aparentando festa interior.

Ei-los que se embriagam por um dia, entristecem-se no outro, murcham repentinamente e se desgarram na excentricidade das alienações mentais, conquanto aplaudidos

Sol de esperança

por outros enfermos, sumindo pela porta do suicídio direto ou indireto para defrontar a realidade dolorosa logo depois.

Todo cristão autêntico sofre um *espinho na carne*, que lhe dói e é, também, sua advertência.

❂

O Calvário não é apenas a recordação ou o nome do lugar onde Ele padeceu, é a mensagem eterna da superação do Filho de Deus a todas as contingências, circunstâncias e imposições humanas, falando de amor, coragem, renúncia e fé.

Todos os mártires da fé, os heróis do bem e os santos do amor, caminhando entre os homens, sofriam com alegria o seu calvário, que era o sinal de união contínua com Ele, o Herói Estelar.

Abre, desse modo, os teus braços, submete-te à cruz redentora e avança. Para ouvir um pouco as vozes do passado que ensinam experiências e não temas: sê fiel a Jesus até o fim!

JOANNA DE ÂNGELIS
(Roma, Itália, 4 de agosto de 1970).

40

RELIGIÃO CÓSMICA DO AMOR

Caminhando de par com o progresso, o Espiritismo jamais será ultrapassado, porque, se novas descobertas lhe demonstrassem estar em erro acerca de um ponto qualquer, ele se modificaria nesse ponto. Se uma verdade nova se revelar, ele a aceitará.

(KARDEC, Allan. *A Gênese*. Cap. I, item 55, 14. ed. da FEB.)

Considerável o esforço hercúleo dos lídimos servidores da Verdade, através dos tempos, no sentido de clarificar as mentes obumbradas pela ignorância, mentes que se entregam, servilmente, sem qualquer reação, ao infame regime da superstição e credulidade, negando-se, a si mesmas, o uso da análise, da investigação, do raciocínio.

Esses sacrificados pioneiros das ideias novas sempre se insurgiram em movimentos dignos contra a opressão de qualquer natureza, notadamente, no campo da fé religiosa, desde os dias em que Lutero rebelou-se contra as indulgências, odiento insulto aos sublimes postulados do vero Cristianismo, pronunciando as célebres objurgatórias anticlericais, que deram início à insurreição e à posterior *Confissão de Augsburg,* passo primeiro e fundamental para a Reforma.

Não que antes dele outros iluminados apóstolos do bem não houvessem palmilhado os caminhos difíceis do combate à intolerância, cada um projetando mais ampla luminosidade na teimosa manifestação da estupidez, geradora de problemas graves no labor da evolução.

Sem nos reportarmos aos missionários das doutrinas herméticas ou aos filósofos e místicos do Oriente, bem como os da cultura greco-romana, encontramos em Jesus, o Homem-símbolo da luta contra o despotismo, lídimo Filho de Deus, encarregado de libertar a criatura, em definitivo, das conjunturas pretéritas a que se encontrava ligada e às quais lamentavelmente se demora amarrada.

Esmagado e controvertido o pensamento cristão, a ideia da fraternidade universal e do amor a Deus, pela efetiva comunhão entre o homem e o seu Criador, tem ressurgido, incessantemente, de modo seguro, impulsionando os mais lúcidos à sintonia com a Verdade, através de escolas iniciáticas que são verdadeiros renascimentos dos movimentos esotéricos do passado, embora situando-se no Ocidente...

Lutando tenazmente contra a opressão, apareceu a Maçonaria, de glorioso passado, nos dias tenebrosos da Idade Média, que sempre tem estado à frente dos movimentos de libertação, fiel a sua tríade: *"Crença em Deus, na imortalidade da alma e na solidariedade humana"*, reunindo homens de valor num lugar comum do ideal de justiça, mediante a sua conceituação "filantrópica, filosófica e progressiva".

O pensamento de René Descartes, pelos métodos das investigações metafísicas, revelou ao próprio filósofo a existência da alma e de Deus, e o *Cartesianismo* se transformou em eficaz processo pela intuição e pela dedução, destruindo a velha *escolástica* e ensejando nova expressão para conduzir o raciocínio.

Sol de esperança

Os *iluminados,* mantendo a chama do Cartesianismo, apresentaram a Ordem Rosa-Cruz, na Alemanha, no século XVII, estabelecendo ou reestruturando as bases para o equilíbrio e a felicidade humana nas lições do passado.

Em 1875, a senhora Helena Petrovna Blavatsky fundou a Teosofia e promoveu as antigas doutrinas da Índia, fazendo do *Humanismo* o processo de comunicação com a Divindade, Fonte de toda influência e para a qual o homem marcha até à união plena e total.

Rudolf Steiner, sentindo do mesmo modo as ânsias do espírito humano e fundamentado em mergulhos místicos, fundou a *Antroposofia,* passando a criar condições de elevação da natureza moral do homem entre os seus discípulos.

Entretanto, com o Espiritismo, cuja filosofia, por orientação dos numes imortais, Allan Kardec estruturou em bases de Religião científica, a Humanidade atinge a mais elevada expressão da vida espiritual, por defrontar nos seus postulados o que há de mais salutar em todas as demais doutrinas espiritualistas – sem que se constitua uma mixórdia, uma miscelânea, por manter um corpo inquebrantável, num todo uno, coeso, esquematizado harmonicamente –, com a preponderância da confirmação pela resposta insofismável dos fatos.

Não se limita a Nova Revolução, o Espiritismo, a postulados teóricos; antes reorganiza a paisagem cristã numa comovedora atualização das leis morais ensinadas e vividas pelo Cristo, que torna à vida hodierna, enquanto se aprofunda no caos das escolas do pensamento para arrancar o homem ao báratro das ideias confusas, enfrentando as conquistas do conhecimento científico de par com as suas próprias realizações.

Diversos Espíritos/Divaldo Franco

Respeitando no organismo mediúnico a informação fidedigna da imortalidade, defronta, tranquilamente, às objeções psiquistas e metapsiquistas do passado, acompanhando com invejável tranquilidade as pesquisas parapsicológicas do presente que já se rendem, como aquelas o fizeram à *teoria espírita*, por ser a melhor fundamentada, portanto, a de maior consenso lógico.

Superando as acusações de fenômeno do subconsciente, como da telepatia, tem demonstrado a indestrutibilidade do princípio espiritual, confirmado, pela teoria da reencarnação, a Justiça Divina e o equilíbrio que vige nas Leis Soberanas da vida. Ainda agora, mediante a designação *Theta*, a Parapsicologia resolve conciliar algumas das suas diversas conclusões com aquelas que o codificador apresentou, com o tirocínio de apóstolo e iluminado há mais de cem anos, transatos, não obstante não o fazendo abertamente.

Sempre atual, não pode ser superado, porque o Espiritismo não possui dogmas e nem jaz estático. Evolve com a evolução, e se porventura a Ciência demonstra que há um erro na sua constituição, esse lapso é regularizado, porque tal em nada abala os seus alicerces fundamentais, perfeitamente definidos na introdução ao estudo da Doutrina em *O Livro dos Espíritos*.

Religião cósmica do amor, é o *reesflorar* do Evangelho em clima de atualidade, e sendo Ciência legítima, antecipa a humana, por penetrar nas fontes essenciais, nas causas, enquanto a outra, investigando *causas*, sempre está a se deparar com os *efeitos*...

Seus doutrinadores e médiuns, novos *homens do caminho* em sintonia com as forças espirituais, arrimados à fé racional e à doação total em nome da caridade, em am-

Sol de esperança

pliando os horizontes do mundo pela sua sadia divulgação, constituem, através do "ide e pregai", a luminosa caravana do auxílio a serviço do Senhor na Terra sofredora, iniciando, desde já, o milênio de esperança e paz que se aproxima, confirmando as nobres profecias de todos os tempos.

ANTÔNIO J. FREIRE
(Sá da Bandeira, Angola, 26 de agosto de 1971).

41
LUZ DEL MUNDO

"Yo soy la luz del mundo."
(Juan, 8:12)

Los creyentes de la actualidad acompañan el desarrollo de la ciencia tecnológica con recelos e inquietudes que llenan sus espíritus de incertidumbres y ansiedades angustiantes.

La fe religiosa imposibilitada, porque fue superada, de ofrecer seguridad y consuelo a aquellos que se demoran en las iglesias de los tiempos modernos, hace adaptaciones lamentables en la base de arrogancia y precipitación, lejos de las enseñanzas simples y profundas del Maestro Jesús.

Hay en todas partes del mundo hambre de amor y paz.

Sin embargo, cuando se profundizan las indagaciones en el organismo social, se tiene la impresión de que una locura generalizada es la norma del comportamiento para estas horas.

Dicen muchos que Dios está muerto...

Los conceptos éticos no encuentran eco en las conciencias trastornadas: "son ultrapasados" – proclaman.

Ahora, lo que interesa es vivir y gozar.

Diversos Espíritos/Divaldo Franco

Mientras tanto, para hoy como para ayer, hay como hubo una respuesta consoladora de seguridad para todos los hombres que es cual llave para descifrar las incógnitas del sufrimiento: Jesús!

No obstante Jerusalén, manteniendo el dogmatismo intolerante e inhumano y Roma sosteniendo el totalitarismo del poder, Jesús vino y abriendo los brazos a las multitudes de todos los siglos dijo: "Yo soy la luz del mundo: el que me sigue, no andará en tinieblas, mas tendrá la lumbre de la vida."

Su voz cayó en la tierra como lluvia de bendiciones modificando el paisaje y reverdeciendo los valles y crestas del corazón humano...

Después, después hubo una modificación de propósitos y las aflicciones llegaron a dominar los espíritus.

Hoy, gracias al intercambio entre los Espíritus y los hombres, que traza nuevas y seguras rutas en las tinieblas de estos días, Jesús continúa siendo "la luz del mundo". Sus embajadores – claros de luna de la inmortalidad, desparramando suaves luces de consuelo sobre las olas del mar de las pasiones oscuras – claman por un nuevo orden de pensamientos y razones – los mismos presentados por El – para la edificación de la felicidad íntima incomparable para todas las gentes.

No más el crimen ni el horror de las guerras...

... Ya no más el odio ni tampoco la envidia, los celos, la impiedad... Surgen los días de paz y amor bajo los deberes bien cumplidos, seguramente conquistados.

Jesús vuelve y las voces del más allá de la tumba, traduciendo los dictámenes de lo Alto, cantan:

– ¡Bienaventurados los que aman, los que tienen puro y noble el corazón y lo mantienen limpio en las lu-

Sol de esperança

chas redentoras por una humanidad mejor y una Tierra más feliz!

AMALIA D. SOLER
(Madrid, España, en 30 de julio del 1970).

41

LUZ DO MUNDO[15]

"Eu sou a luz do mundo."
(JOÃO, 8:12)

Os crentes da atualidade acompanham o desenvolvimento da ciência tecnológica com receios e inquietações que dominam seus espíritos com incertezas e ansiedades de crescente angústia.

A fé religiosa, impossibilitada, porque se encontra superada, de oferecer segurança e consolo àqueles que se detêm nas igrejas dos tempos modernos, fez adaptações lamentáveis, com base na arrogância e na precipitação, longe dos ensinamentos simples e profundos do Mestre Jesus.

Há em toda parte do mundo fome de amor e de paz.

Sem dúvida, quando se aprofundam as indagações no organismo social, tem-se a impressão de que uma loucura generalizada é hoje a única norma de comportamento de todos.

Dizem muitos que Deus está morto...

Os conceitos éticos não encontram qualquer eco nas consciências transtornadas: "estão ultrapassados" – proclamam.

Agora, o que interessa é viver e gozar.

Todavia, para hoje como para ontem, há como houve uma resposta consoladora de segurança para todos os homens, que é semelhante à chave miraculosa para decifrar as incógnitas do sofrimento: Jesus.

---

[15] Tradução de Nilson de Souza Pereira.

Não obstante, enquanto Jerusalém mantinha o dogmatismo intolerante e desumano, e Roma sustentava o totalitarismo do poder, Jesus veio, e, abrindo os braços às multidões de todos os séculos disse: – *"Eu sou a luz do mundo; aquele que me segue não andará em trevas, mas terá a luz da vida."*

Sua voz, compreensivelmente, caiu em terra qual chuva de bênçãos, modificando a paisagem e reverdecendo os vales e as asperezas do coração humano.

Depois, houve uma modificação de propósitos e novamente as aflições conseguiram dominar os Espíritos humanos.

Hoje, graças ao intercâmbio entre os Espíritos e os homens, intercâmbio que traça novas e seguras rotas nas trevas destes dias, Jesus continua sendo a *Luz do mundo*. Seus embaixadores – luares da imortalidade, espalhando suaves luzes de consolação sobre as ondas dos mares das torvas paixões – propõem uma nova ordem de pensamentos e razões, aqueles mesmos por Ele apresentados para a edificação da felicidade íntima, incomparável, para todas as gentes.

Não mais o crime nem o horror das guerras...

... Já não mais o ódio, tampouco a inveja, o ciúme, a impiedade... Surgem os dias de paz e amor sob os deveres bem cumpridos, seguramente conquistados.

Jesus volta, e as vozes do Mais-além, que traduzem os ditames do Alto, cantam novamente: – Bem-aventurados os que amam, os que têm puro e nobre o coração, mantendo-o limpo nas lutas redentoras por uma Humanidade melhor e uma Terra mais feliz!

AMALIA D. SOLER
(Madri, Espanha, 30 de julho de 1970).

42

YA ES TIEMPO

Mientras permanecen la intolerancia y el absolutismo del poder, dificultando la siembra de la esperanza y de la verdad, el Espiritismo – el nuevo y noble renacimiento del Cristianismo en su pureza primitiva – paulatinamente conquista los países de las almas preparándolas para el amanecer del porvenir.

El régimen de la impiedad por más demorado que parezca, es siempre transitorio y las tinieblas que le convienen son, invariablemente las causas que lo destrozan. De tal orden se hace el dolor y la aflicción que en día no lejano las insatisfacciones generales en nombre de la paz que no produce la guerra y expulsarán el crimen, y a los criminales de la ambición sin limite, inaugurando el período de la libertad.

La Historia siempre se repite.

Los vándalos y asesinos son siempre víctimas de su impulsividad, de su locura.

Solamente las construcciones de los ideales altaneros permanecen colmadas de bendiciones y progresos.

Cuando la injusticia se establece y el poder de la fuerza se hace un derecho, matando en sus fuentes la fuerza del derecho mismo, la pluma es más poderosa que los cañones y el verbo es el arma que levanta los caídos, los invita a la marcha y los conduce al destino de la libertad.

Atenas aplastada por las fuerzas de Esparta aún hoy habla la respuesta de la inteligencia a la agresión del vandalismo; la supremacía del saber al dominio de espada; la preponderancia de lo bello a la conquista de la destrucción. Marchaban en cadenas pedagogos y maestros, empero sus silencios eran voces que perturbaban el sueño de los usurpadores... Y día llegó en que la aparente cobardía se hizo heroísmo y el pueblo esclavo se libertó, pasando a lo posteridad su herencia de grandeza y magnitud, con que los hombres construyeron nuevos pueblos, nuevas civilizaciones... ¡Y de Esparta solamente se quedó la evocación de sus conquistas arbitrarias, ahora vencidas por el polvo de los tiempos, y sus ruinas calladas, en triste olvido!

También, las cenizas que el viento esparció desde Barcelona sin conseguir sepultarlas hasta hoy, se transforman en el cemento divino que ya construye el nuevo templo de amor y fe para la fraternidad universal.

Suponían los productores del *Auto de fé* que se mataban las ideas, con el arder de los libros; creían que matando los hombres se les callaban los ideales, olvidando que fue de una cruz de impiedad que un Hombre conquistó a la Tierra y la cambió, haciendo que los infelices avanzaran en la dirección de la alegría inefable, ofreciendo sus vidas en beneficio de las muchas vidas que vendrían después...

Muchas veces se intentó nuevamente hacer que Su voz silenciara, como si la nube disminuyendo la claridad del Sol lo apagara definitivamente. El, mientras tanto continua llamando, invitando los hombres a la renuncia y al amor,

Sol de esperança

a la victoria al egoísmo, en pelea continua contra todo y cualquier mal.

Hay ya muchos oídos que Lo oyen e incontables espíritus que Lo sienten cual fuera en el pasado lejano.

Muchos corazones en el Tierra cuando escuchando Su palabra de luz, se les nublan los ojos y ofrecen entonces, sus vidas para trabajar en Su siembra con El.

Fulguran nuevos astros en los ciclos de la actualidad humana. La Doctrina de las vidas sucesivas se fija en las conciencias humanas descifrando los enigmas del ser y del destino, del dolor y de las miserias sociales.

Se yerguen de su desconocimiento los nuevos conquistadores de la Tierra, que avanzan ya, héroes del amor, abriendo brazos fraternales a los dolientes, y llamándolos a todos para el Reino de Dios…Nadie puede contra los Espíritus. ¡Nada detiene el alborada!

No recéleis, ni juzguéis que camináis a solas.

No hay más tiempo que perder.

En las cunas duermen ahora los trabajadores del mañana que vinieron especialmente para esta tierra, a revivir los gloriosos días pasado.

Avanzad para la epopeya de amor de la nueva Humanidad.

Céfiros cantan aleluyas que luego llegarán.

Pagad ahora el tributo de lágrimas ciertos de que, súbditos de El, no habrá por algún tiempo lugar para vosotros en la Tierra.

Venced las pasiones antes que ellas os aniquilen. Mantened simples e inocentes como los niños, *pobres de espíritu* libres de todas las miserias que entorpecen el alma y matan la esperanza.

Las victorias del conocimiento científico os conducirán a la Verdad inmortal, no obstante la indiferencia que hay avasallando-los y disminuyendo el valor de sus propios emprendimientos.

Son dos los mundos: de César y del Cristo.

Aquél, el de César, es pasajero: violencia, astucia, gloria, cenizas.

El otro, es de Cristo, es permanente: un mensaje de esperanza de paz hasta la hora de la paz total.

Empezad luego vuestro trabajo de identificación personal, unos con los otros y colocad las semillas de las ensenánzas espiritistas en el suelo de los seres.

¡Coraje y fe!

¡Jesús es el Héroe de la Tumba vacía, cuyo ejemplo parece decir que aún continúan "bienaventurados los que sufren persecución por causa de la Justicia, porque de ellos es el Reino de los Cielos"!

Llegó la hora; los tiempos son llegados. Las Buenas Nuevas están cantando el Mensaje Espiritista en oídos de los siglos para toda la Humanidad.

AMALIA D. SOLER
(Barcelona, España, en 1º de agosto del 1970).

42

JÁ É TEMPO[16]

Enquanto permanecem a intolerância e o absolutismo do poder, dificultando a semeadura da esperança e da verdade, o Espiritismo – o novo e nobre renascimento do Cristianismo em sua primitiva pureza – paulatinamente conquista o reino das almas, preparando-as para o amanhecer do porvir.

O regime da impiedade, por mais prolongado que seja, é sempre transitório, e as trevas que lhe convêm são, invariavelmente, as causas de sua destruição. A dor e a aflição atingem tal nível que não está longe o dia em que as insatisfações gerais produzirão a guerra em nome da paz e expulsarão o crime, os criminosos da ambição sem limite, inaugurando o período da liberdade.

A História sempre se repete.

Os vândalos e assassinos são sempre vítimas de sua impulsividade e de sua loucura.

Somente as construções dos ideais elevados permanecem cobertas de bênçãos e progressos.

Quando a injustiça se estabelece e o poder da força se transforma em um direito, matando em suas fontes a força

---

[16] Tradução de Luciano dos Anjos.

Diversos Espíritos/Divaldo Franco

do próprio direito, a pena é mais poderosa que os canhões, e o verbo é arma que levanta os caídos, incita à marcha e os conduz ao destino da liberdade.

Atenas, esmagada pelas forças de Esparta, ainda hoje dá a resposta da inteligência à agressão do vandalismo; a supremacia do saber ante o domínio da espada; a preponderância do belo à conquista da destruição. Marchavam acorrentados pedagogos e mestres, entretanto seus silêncios eram vozes que perturbavam o sonho dos usurpadores... E chegou o dia em que a aparente covardia se fez heroísmo e o povo escravo se libertou, deixando à posteridade sua herança de grandeza e magnitude, com que os homens construíram novos povos, novas civilizações... E de Esparta restaram somente a lembrança de suas conquistas arbitrárias, agora vencidas pelo pó dos tempos, e suas ruínas silenciosas, em triste esquecimento!

Também as cinzas que o vento espalhou de Barcelona, sem conseguir sepultá-las até hoje, transformaram-se no cimento divino que construirá o novo templo de amor e fé para a fraternidade universal.

Supunham os promotores do *Auto de fé* que se matavam as ideias queimando os livros; acreditavam que matando os homens sufocavam-lhes os ideais, olvidando que foi em uma cruz de impiedade que um Homem conquistou a Terra e a transformou, fazendo que os infelizes avançassem na direção da alegria inefável, oferecendo suas vidas em benefício de muitas vidas que viriam depois...

Muitas vezes tentou-se novamente fazer Sua voz silenciar, como se a nuvem, diminuindo a claridade do Sol, apagasse-o definitivamente. Ele, enquanto isso, continua cha-

Sol de esperança

mando, convidando os homens à renúncia e ao amor, à vitória sobre o egoísmo, em luta contínua contra todo e qualquer mal.

Já existem muitos ouvidos que O ouvem e inúmeros Espíritos que O sentem, como no passado longínquo.

Muitos corações na Terra, escutando Sua palavra de luz, ficam deslumbrados e oferecem suas vidas para trabalhar com Ele em Sua seara.

Fulguram novos astros nos céus da atualidade humana. A Doutrina das vidas sucessivas se fixa nas consciências, decifrando os enigmas do ser e do destino, da dor e das misérias sociais.

Erguem-se de seu anonimato os novos conquistadores da Terra, que avançam, já heróis do amor, abrindo braços fraternais aos sofredores e chamando-os para o Reino de Deus...

Ninguém pode contra os Espíritos. Nada detém a alvorada!

Não receeis, nem julgueis que caminhais sozinhos.

Não há mais tempo a perder.

Nos berços dormem agora os trabalhadores do amanhã que vieram especialmente a esta terra para reviver os gloriosos dias do passado.

Avançai para a epopeia de amor da nova Humanidade.

Anjos cantam aleluias que logo chegarão.

Pagai agora o tributo de lágrimas certos de que, súditos Dele, haverá lugar para vós, na Terra, por algum tempo.

Vencei as paixões antes que elas vos aniquilem. Mantende-vos simples e inocentes como os meninos, *pobres de espírito*, livres de todas as misérias que entorpecem a alma e matam a esperança.

Diversos Espíritos/Divaldo Franco

As vitórias do conhecimento científico nos conduzirão à Verdade imortal, não obstante a indiferença que impera avassalando e diminuindo o valor de seus próprios empreendimentos.

São dois os mundos: o de César e o do Cristo.

Aquele, o de César, é passageiro; violência, astúcia, glória, cinzas. O outro, o do Cristo, é permanente: mensagem de esperança, de paz, até à hora da paz total.

Começai logo vosso trabalho de identificação pessoal, uns com os outros, e lançai as sementes dos ensinamentos espiritistas no solo dos seres.

Coragem e fé!

Jesus é o Herói do túmulo vazio, cujo exemplo parece dizer que continuam "bem-aventurados os que sofrem perseguição por causa da Justiça, porque deles é o Reino dos Céus!"

Chegou a hora, os tempos chegaram. As Boas Novas estão cantando a Mensagem Espiritista nos ouvidos dos séculos para toda a Humanidade.

AMALIA D. SOLER
(Barcelona, Espanha, 1º de agosto de 1970).

43

LOS HÉROES DEL SILENCIO

A pesar del avance tecnicista de la actualidad, el hombre, aún mantiene los puntos de vista muy comunes a sus remotos antepasados, en lo que concierne a los derechos individuales y a las libertades colectivas. Las glorias modernas del pensamiento caen en la dirección de las bajas manifestaciones del instinto y el joven, en tormentosa reacción por la hipocresía y al miedo de los tiempos pasados, se desmanda y desgobierna, arrojándose a los hondos abismos morales, produciendo escándalos ya perfectamente aceptados en nombre de la necesidad de evolución, de progreso.

Hay, sí, ansias de felicidad en todos los seres. Felicidad, todavía, es soñar con el amor y vivir-lo, dibujar la esperanza en el alma y concretaría, planear el bien y realizarlo, mantener un ideal y rechazar la ignorancia y el egoísmo que azotan las espaldas de los hombres en torbellino. El más grande ideal del hombre indudablemente es aquel de libertad: Libertad de creencias, de conducta, de acción, de respeto a las conquistas ajenas. Siempre cuando se impide que los hombres sean libres, la Humanidad perece en sus amplios vuelos de trascender los límites de sus actuales realizaciones.

La evolución del pensamiento es toda hecha en la aspiración impar de grabar en los mármoles que construyen las civilizaciones, los valores morales del amor, de la caridad y de la justicia.

No pocas veces, sin embargo, estuvieron prohibidos los embajadores de la esperanza de realizar el magno desempeño de sus misiones por las constricciones de la intolerancia que nace y vive en el fanatismo, o en la deshonestidad, hijos del interés personal de cada uno en poseer sin permitir que nadie consiga tener alguna cosa también.

Esto puesto, la historia de la vida moral y espiritual de la Tierra, se encuentra señalada por la sangre de los mártires y el sudor de los sacrificados en cuyos silencios se escucham los cánticos de sus ignorados triunfos... Cayeron para que caminara el porvenir; callaron para que hablaran los pasantes del mañana; murieron para que vivieran los seres del futuro...

En medio de ellos hay que recordarlo a Jesús, el Rey Desconocido, que cambió la cuna de oro por una caballeriza y aceptó en la cruz de la verguenza las alas de ángel para asomarse al Padre, sin abandonar a los suyos de la Tierra.

Su mensaje de amor, todo un himno de afectuosidad cantando renuncias y abnegación, luego se transformó, gracias a los ambiciosos, en un carro de miserias que pasaba desde entonces aplastando pueblos bajo el comando de crueles verdugos de la Humanidad misma...

Y ahora, cuando el hombre supera las cumbres de sus propias conquistas, el cáncer del egoísmo, en individuos y gobiernos arbitrarios, intenta obstar el más sagrado derecho: de libertad de creencia, repitámoslo, que ofrece al hombre el título de civilizado.

Sol de esperança

Se prohíbe el culto de la verdad, mientras tanto se vive el de la mentira; se impide el comercio público con la inmortalidad, olvidados que las cadenas de la cárcel crean la pluma y el poema de la liberación de la esclavitud.

Los muertos no permanecen inactivos, sin amor.

Se preguntará: ¿y por qué tales muertos, que son los agentes del progreso, no ofrecen otras condiciones para la ascensión del espíritu humano? ¿Por qué las largas tinieblas?

Ocurre que el hombre construye hoy lo que recibirá mañana y cosecha ahora la siembra del ayer. Sin embargo, es necesario decir que nadie o nada puede impedir el amanecer y progreso de la Humanidad. La claridad del día siempre alcanza la noche, por más oscura o demorada que sea...

❂

Suenan ya en el espacio los acordes de la nueva hora y vuelven a las calles aquellos que antes por ellas caminaban, llamando la atención de los pensadores hacia las realidades inamovibles del momento: inmortalidad, sublimación, amor...

Aunque el dolor hiera y martirice a los sufrientes – antiguos verdugos que vuelven a rescatar – éstos proseguirán hermanados a la Verdad.

Y vosotros espiritistas, perseguidos acá y allá, que trabajáis como criminales, escondidos, tened buen ánimo: es llegada vuestra hora.

Caen los templos de la mentira y de la ignominia; los perseguidores también tiemblan en sus conciencias torvas y las puertas del amor se abren en totalidad para la práctica del bien y del deber que es: salvar y salvarse.

Diversos Espíritos/Divaldo Franco

En cuanto no llega el momento, sois los nuevos cristianos de la iglesia silenciosa del Cristo, los catecúmenos, los servidores incondicionales de la Verdad. Por vuestro esfuerzo y vuestro coraje oramos todos nosotros, desencarnados, y convocamos a los encarnados que ya pueden luchar en campo libre para que se recuerden de vuestros dolores y amarguras, y, mediante un gran movimiento fraternal de oraciones os ayuden y os envuelvan en paz y valor para el éxito de vuestro compromiso con la vida.

Cuando duermen los malos, los despiadados, los perseguidores en el silencio de la noche brochada de estrellas, os unís y oráis, mantened el puente de luz entre las limitaciones de la Tierra y los abismos luminosos de la inmortalidad, por el cual vendrán los héroes del pasado y los campeones del porvenir para construir a vuestro lado el mañana de ventura que todos deseamos ardorosamente.

¡Coraje, héroes del silencio, y buen ánimo en la tarea con Jesús!

AMALIA D. SOLER
(Madrid, España, en 29 de julio del 1970).

43

OS HERÓIS DO SILÊNCIO[17]

Não obstante os avanços tecnológicos da atualidade, o homem, no que concerne aos direitos individuais e às liberdades coletivas, continua preservando muitos pontos de vista comuns aos seus mais remotos antepassados. As conquistas modernas do pensamento, por mais respeitáveis, dirigem-se ainda para as baixas manifestações do instinto, e o jovem, reagindo, tormentoso, à hipocrisia e ao medo dos tempos passados, desmanda-se e desgoverna, arrojando-se aos profundos abismos morais, gerando escândalos, ora perfeitamente aceitos, em nome da necessidade da evolução moderna, do progresso.

Sem dúvida, existem ânsias de felicidade em todos os seres. Felicidade, todavia, é sonhar com o amor e vivê-lo, planejar a esperança no íntimo d'alma e concretizá-la, programar o bem e experimentá-lo, mantendo o ideal, através do qual possa enfrentar a ignorância e o egoísmo que castigam impiedosamente os homens atormentados. O maior ideal do homem, indubitavelmente, é o da liberdade: liberdade de crer, de conduzir-se, de agir e respeitar as liberdades alheias. Sempre que se impede que os homens sejam livres,

---

[17] Tradução de Nilson de Souza Pereira.

a Humanidade não colima realizar os altos e amplos voos com os quais se transcendem os limites das suas mesmas realizações.

A evolução do pensamento é sempre alicerçada nas aspirações ímpares de poder gravar nos mármores que constroem as civilizações os valores morais do amor, da caridade e da justiça.

Não poucas vezes, porém, os embaixadores da esperança estiveram proibidos de concretizar o nobre desempenho das suas missões, graças às constrições da intolerância que nasce e vive no fanatismo ou na desonestidade – filhos do interesse pessoal de cada ser em possuir sem facultar que outrem consiga o mesmo fanal.

Isto posto, a história da vida moral e espiritual da Terra se encontra manchada pelo sangue dos mártires e o suor dos sacrificados, em cujos silêncios se ouvem os cânticos dos seus triunfos ignorados... Caíram a fim de que caminhasse o porvir; silenciaram a fim de que falassem os jornaleiros do amanhã; morreram a fim de que vivessem os homens do porvir...

Entre eles há que recordar Jesus, o Rei desconhecido, que trocou o berço de ouro por uma estrebaria e aceitou numa cruz de vergonha as asas de anjo para, então, chegar ao Pai, sem abandonar, entretanto, os Seus, que ficavam na Terra.

Sua Mensagem de Amor, toda ela um hino de afetos cantando renúncias e abnegação, logo se transformou, graças aos ambiciosos, num carro de misérias, desde logo passou a correr esmagando os povos sob o comando dos mesmos verdugos cruéis da Humanidade...

Sol de esperança

E agora, quando o homem supera os ápices das suas próprias conquistas, o câncer do egoísmo, em indivíduos e governos arbitrários, insiste em tentar dificultar esse sagrado direito: o da liberdade de crença, repitamo-lo, que oferece ao homem o título de ser civilizado.

Proíbe-se o culto da verdade, todavia cultiva-se a mentira; impede-se o conúbio público com a Imortalidade, sem atentar que as algemas do cárcere engendram a pena e o poema de liberdade, sem escravidão.

Os *mortos* não se demoram inativos, sem amor.

Perguntar-se-á: e por que tais *mortos*, que são os agentes do progresso, não oferecem as necessárias condições para a ascensão do espírito humano? Por que as demoradas trevas?

Ocorre que o homem constrói hoje o que receberá amanhã e colhe agora a sementeira do passado. É necessário dizer que ninguém ou nada pode impedir o amanhecer nem o progresso da Humanidade. A claridade do dia sempre alcança a noite, por mais sombria e demorada que seja...

Repercutem já no espaço os acordes da nova hora e voltam às ruas das cidades aqueles que antes por elas caminharam, chamando a atenção dos pensadores para as realidades insuperáveis do momento: imortalidade, sublimação, amor!...

Mesmo que a dor fira e martirize os sofredores – antigos verdugos que voltam a fim de resgatar –, prosseguirão eles irmanados à Verdade.

E vós, espíritas, perseguidos aqui e ali, que trabalhais como se fôsseis criminosos escondidos, tende bom ânimo: chegou vossa hora!

Ruem os templos da mentira e da ignomínia; os perseguidores também tremem, no âmago das consciências sinistras, enquanto as portas do amor se abrem em totalidade para a prática do bem e do dever que é: salvar e salvar-se! Enquanto não chega o momento, sois os novos cristãos da Igreja silenciosa do Cristo, os catecúmenos, os servidores incondicionais da Verdade. Através do vosso esforço e da vossa coragem, oramos todos, desencarnados e encarnados, aos quais convocamos, que já podem lutar em campo livre para que se lembrem das vossas dores e amarguras, e, por meio de um grande movimento fraternal de orações, vos ajudem e vos envolvam em paz e dignidade para o êxito do vosso compromisso para com a vida.

Enquanto dormem os maus, os impiedosos, os perseguidores, no silêncio da noite cravejada de estrelas, uni-vos e orais, construís uma ponte de luz entre as limitações da Terra e as transcendências luminosas da Imortalidade, pela qual descem os heróis do passado e os campeões do porvir para edificar a vosso lado aquele amanhã de ventura que todos anelamos ardentemente.

Coragem, heróis do silêncio, e bom ânimo na tarefa com Jesus!

Amalia D. Soler
(Madri, Espanha, 29 de julho de 1970).

44

POEMA DA GRATIDÃO

Senhor Jesus, muito obrigada!
Pelo ar que nos dás,
pelo pão que nos deste,
pela roupa que nos veste,
pela alegria que possuímos,
por tudo de que nos nutrimos.

Muito obrigada, pela beleza da paisagem,
pelas aves que voam no céu de anil,
pelas Tuas dádivas mil!

Muito obrigada, Senhor,
pelos olhos que temos...
Olhos que veem o céu, que veem a terra e o mar,
que contemplam toda beleza!
Olhos que se iluminam de amor
ante o majestoso festival de cor
da generosa Natureza!

E os que perderam a visão?
Deixa-me rogar por eles
ao Teu nobre Coração!

Diversos Espíritos/Divaldo Franco

Eu sei que depois desta vida,
além da morte,
voltarão a ver com alegria incontida...
Muito obrigada pelos ouvidos meus,
pelos ouvidos que me foram dados por Deus.
Obrigada, Senhor, porque posso escutar
o Teu nome sublime, e, assim, posso amar.
Obrigada pelos ouvidos que registam:
a sinfonia da vida,
no trabalho, na dor, na lida...
O gemido e o canto do vento nos galhos do olmeiro,
as lágrimas doridas do mundo inteiro
e a voz longínqua do cancioneiro...

E os que perderam a faculdade de escutar?
Deixa-me por eles rogar...
Eu sei que no Teu Reino voltarão a sonhar.

Obrigada, Senhor, pela minha voz.
Mas também pela voz que ama,
pela voz que canta,
pela voz que ajuda,
pela voz que socorre,
pela voz que ensina,
pela voz que ilumina...
E pela voz que fala de amor,
obrigada, Senhor!

Recordo-me, sofrendo, daqueles
que perderam o dom de falar
e o Teu nome sequer podem pronunciar!...

Sol de esperança

Os que vivem atormentados na afasia
e não podem cantar nem à noite, nem de dia...
Eu suplico por eles
sabendo que mais tarde,
no Teu Reino, voltarão a falar.

Obrigada, Senhor, por estas mãos, que são minhas
alavancas da ação, do progresso, da redenção.
Agradeço pelas mãos que acenam adeuses,
pelas mãos que fazem ternura,
e que socorrem na amargura;
pelas mãos que acarinham,
pelas mãos que elaboram as leis
e pelas que as feridas cicatrizam,
retificando as carnes partidas,
a fim de diminuírem as dores de muitas vidas!
Pelas mãos que trabalham o solo,
que amparam o sofrimento e estancam lágrimas,
pelas mãos que ajudam os que sofrem,
os que padecem...
Pelas mãos que brilham nestes traços,
como estrelas sublimes fulgindo nos meus braços!

...E pelos pés que me levam a marchar,
erecta, firme a caminhar,
pés de renúncia que seguem
humildes e nobres sem reclamar.

E os que estão amputados, os aleijados,
os feridos e os deformados,
os que estão retidos na expiação

por crimes praticados noutra encarnação.
Eu rogo por eles e posso afirmar
que no Teu Reino, após a lida
desta dolorosa vida,
poderão bailar
e em transportes sublimes
com os seus braços também afagar.

Sei que lá tudo é possível
quando Tu queres ofertar,
mesmo o que na Terra parece incrível!

Obrigada, Senhor, pelo meu lar,
o recanto de paz ou escola de amor,
a mansão da glória
ou pequeno quartinho
o palácio, ou tapera, o tugúrio ou a casa de miséria!
Obrigada, Senhor, pelo amor que eu tenho e
pelo lar que é meu...
Mas, se eu sequer
nem um lar tiver
ou teto amigo para me abrigar
nem outra coisa para me confortar,
se eu não possuir nada,
senão as estradas e as estrelas do céu,
como sendo o leito do repouso e o suave lençol,
e ao meu lado ninguém existir,
vivendo e chorando sozinha, ao léu...

Sem alguém para me consolar
direi, cantarei, ainda:

Sol de esperança

obrigada, Senhor,
porque Te amo e sei que me amas,
porque me deste a vida
jovial, alegre, por Teu amor favorecida...
Obrigada, Senhor, porque nasci,
obrigada, Senhor, porque creio em Ti.
... E porque me socorres com amor,
hoje e sempre,
obrigada, Senhor!

AMÉLIA RODRIGUES
(Buenos Aires, Argentina, 21 de novembro de 1962).

NÓTULAS BIOGRÁFICAS[18]

Dr. Adolfo **BEZERRA DE MENEZES** Cavalcanti, cognominado o *Médico dos Pobres,* nasceu no dia 29 de agosto de 1831, em Riacho do Sangue, na então Província do Ceará. Presidente da Federação Espírita Brasileira, mais de uma vez, igualmente considerado o *"Kardec brasileiro"*, após vida exemplar de cristão autêntico e espírita perfeito, desencarnou no Rio de Janeiro, no dia 11 de abril de 1900.

AMALIA Domingo **SOLER**, notável poetisa e periodista, nasceu em Sevilha, Espanha, no dia 10 de novembro de 1835. Órfã e só, desde 10 anos de idade, sua vida foi um demorado calvário. No entanto, a ela se devem os mais belos exemplos de dedicação e fidelidade à Causa Espírita, nos dias tormentosos do século passado, quando a mulher não gozava de quaisquer direitos, senão as limitações impostas pela ignorância da época. Produziu extraordinários trabalhos, na poesia, na literatura, na divulgação doutrinária, no discurso... Desencarnou a 29 de abril de 1909, em Barcelona, Espanha, vitimada por uma tuberculose decorrente de pertinaz quão dolorosa broncopneumonia.

Prof.ª **AMÉLIA** Augusta Sacramento **RODRIGUES**, a excelente mestra baiana, nasceu em Oliveira dos Campinhos, Santo Amaro, Bahia, em 26 de maio de 1861 e desencarnou em Salvador, em 22 de agosto de 1926. Poetisa, deixou expressiva contribuição literária igualmente no periodismo, ressaltando o Evangelho e o Senhor Jesus, como dos mais belos da literatura baiana.

Dr. **ANTÓNIO** Joaquim **FREIRE** nasceu no dia 20 de julho de 1877, na Vila e Freguesia do Espinhal, Conselho de Penela, Distrito de Coimbra, em Portugal e desencarnou com a provecta idade de 82 anos, no dia 3 de março

---

[18] Nótulas biográficas coligidas por Nilson de Souza Pereira.

Diversos Espíritos/Divaldo Franco

de 1958, na cidade de Lisboa, vitimado por uma broncopneumonia, que lhe provocou uma síncope cardíaca fulminante. Era homem de letras e um dos maiores expoentes do Espiritismo em Portugal. Formado em Medicina pela Universidade de Coimbra, tinha, também, o Curso de Medicina Sanitária, pela mesma Universidade e destacado Membro da Federação Espírita Portuguesa, tendo exercido a função de 1º vice-presidente da primeira diretoria eleita para um quatriênio, em 1926. Escreveu obras notáveis sobre o Espiritismo, reeditadas no Brasil e na Argentina.

CAÍRBAR SCHUTEL, o missionário do periodismo espírita, fundador dos órgãos "O Clarim" e a "Revista Internacional de Espiritismo", nasceu a 22 de setembro de 1868, na cidade do Rio de Janeiro e desencarnou em Matão, SP, no dia 30 de janeiro de 1938, deixando impreenchível lacuna nas hostes espíritas, no plano físico.

CATARINA DE SIENA, Santa, nasceu na cidade de Siena, na Itália, em 1347, tendo ingressado na Ordem das Dominicanas Terciárias com a idade de 16 anos, oferecendo os seus serviços logo depois à assistência aos pestosos, após o que, acolitada por discípulos e admiradores, se dedicou à venerável obra de pacificação da Igreja Católica, o que conseguiu, logrando que o papa Gregório XI abandonasse Avinhão e regressasse a Roma, em 1377. Mística e médium de excelentes recursos, desencarnou em 1380, na mesma cidade de Siena, após demorada agonia que se alongou por mais de três meses.

"O Padre Émile Hertoux **DES TOUCHES** de Calignie des Fenets era filho de tradicional família francesa, rica e nobre, aristocrata de nascimento, que abandonou os bens, as glórias do mundo, palácio e riquezas para se tornar um apóstolo do Cristo, ordenando-se sacerdote da Igreja Católica, vivendo numa renúncia franciscana, muitas vezes incompreendido, porém, sempre magnânimo no bem e na caridade, conforme escreveu um de seus biógrafos da Cidade de Campos, onde desencarnou em extrema penúria, aos 14 dias do mês de novembro de 1930, "numa das enfermarias de indigentes da Santa Casa de Misericórdia". Segundo a mesma fonte: "Em Campos, oficiou em várias paróquias, findando os seus dias sacerdotais na Igreja Mãe dos Homens; revelou sempre grande cultura e super-humildade, havendo aceito ainda em vida física a verdade da Revelação Espírita... Considerava Allan Kardec um grande homem de Deus."

Sol de esperança

EURÍPEDES BARSANULFO, o inesquecível apóstolo do Triângulo Mineiro, nasceu a 1º de maio de 1880, na cidade de Sacramento, MG, notabilizando-se pelas suas excelentes faculdades mediúnicas e conduta moral. Polemista de escol, foi batalhador integérrimo em prol da Causa Espírita, oferecendo à posteridade os mais nobres exemplos de abnegação e renúncia em favor dos sofredores. Desencarnou em 1º de novembro de 1918.

O Coronel José Augusto **FAURE DA ROSA** nasceu em Leiria, Portugal, a 16 de novembro de 1879, tendo cursado a Escola do Exército. Foi Chefe do Estado-Maior do Quartel General do Governo Geral da Índia Portuguesa e exerceu relevantes funções que o notabilizaram. Recebeu inúmeras medalhas pelos serviços prestados à pátria. Revelou-se excelente escritor, deixando várias obras de valor. Ao tornar-se espírita, dedicou-se à Doutrina com acendrado amor, tendo sido Presidente da Direção e da Assembleia Geral da Federação Espírita Portuguesa. Dirigiu as Revistas *Espiritismo* e *Mensageiro Espírita*, tendo colaborado eficientemente em *Estudos Psíquicos*, que ainda hoje se edita em Lisboa. Dentre as muitas obras espíritas, deixou: *A Metapsíquica e o Espiritismo à Luz dos Fatos, O Além para todas as inteligências*, como diversas comédias que, a seu tempo, foram encenadas no Teatro português. Desencarnou em Lisboa, no dia 8 de novembro de 1950.

IGNOTUS – Entidade que não desejou identificar-se.

ISABEL, a *Rainha Santa,* nasceu em 1271, em Aragão, foi rainha de Portugal pelo seu casamento com D. Dinis. Dedicou toda a vida à fundação de hospitais e casas de caridade, intervindo nas lutas entre D. Dinis e o filho D. Afonso, evitando sérias desgraças. Abnegada, a sua vida está cercada de lendas e feitos comovedores. Desencarnou em 1336.

JACQUES ABOAB, o admirável judeu de Constantinopla, nasceu a 15 de abril de 1889, tendo passado a infância pelas terras da África do Norte, na Argélia, e, quando adolescente, percorreu a França e a Bretanha. Antes de fixar residência no Brasil, residiu em diversos países da Europa, do Médio Oriente, bem como da América. No Brasil, viajou por quase todo o país, do que resultou amar profundamente a "Pátria do Cruzeiro do Sul". Tendo aceitado o Espiritismo, foi excelente paladino das ideias que o dominaram e por cujo amor e dedicação pagou pesado tributo... Desencarnou no Rio de Janeiro, no dia 5 de fevereiro de 1969.

Diversos Espíritos/Divaldo Franco

JOANNA DE ÂNGELIS é o pseudônimo de abnegada religiosa baiana. "Convidada, no Além-túmulo, a participar do Movimento de renovação da Terra, vem-se dedicando ao estudo e à divulgação do Espiritismo ou Cristianismo Restaurado em sua pureza primitiva", ora laborando ativamente na sementeira da verdade, nos dias tumultuados da atualidade.

LÉON DENIS nasceu em "Foug, situado nos arredores de Toul, na França", no dia 1º de janeiro de 1846 e desencarnou em 12 de abril de 1927, em Tours, no mesmo país. Gaston Luce denominou-o "O Apóstolo do Espiritismo". Foram relevantes os seus serviços à Causa. Escritor emérito, foi o "poeta do Espiritismo".

LEOPOLDO MACHADO Barbosa reencarnou na cidade de Capa Forte, Estado da Bahia, a 30 de setembro de 1891. Pioneiro do Movimento de Juventudes e Mocidades Espíritas, foi o continuador do trabalho de Vianna de Carvalho, levando a sua palavra de conferencista e polemista de escol por todo o Brasil. Poeta e escritor, era, também, excelente educador. Trabalhador da Unificação, realizou com outros servidores da Causa Espírita a "Caravana da Fraternidade", visitando quase todas as capitais do Brasil, como consequência do "Pacto Áureo". Desencarnou em Nova Iguaçu, RJ, no dia 22 de agosto de 1957, no *Lar de Jesus*, Obra que criou e dirigiu com a esposa Marília Barbosa, insigne seareira do Evangelho.

Dr. Luiz Olímpio **GUILLON RIBEIRO**, o inesquecível tradutor das obras de Allan Kardec para o português, por diversas vezes Presidente da Federação Espírita Brasileira, desencarnou em 26 de outubro de 1943. Foi, durante toda a sua peregrina existência o atestado inequívoco da excelência do Espiritismo numa vida. Admirável pai de família e digno cidadão, nasceu no estado do Maranhão a 17 de janeiro de 1875, descendente de pais pobres. Demandou à Pátria Espiritual na cidade do Rio de Janeiro, onde ofereceu o exemplo da sua vida de missionário do bem e da luz.

Mons. **MANUEL ALVES DA CUNHA** nasceu em 8 de junho de 1872, em Chaves (Trás-os-Montes), Portugal, e ordenou-se sacerdote em Braga, em 1900. Foi para Angola no ano seguinte. Ali, na condição de missionário do bem e da caridade, portador de magnânima tolerância, destacou-se nas letras e pesquisas históricas, tendo feito parte do grupo encarregado da "exumação das cinzas dos participantes da Inconfidência Mineira" e notabilizando-se pelos seus escritos, especialmente de história. Estudou os costumes dos

Sol de esperança

nativos e criou o *"Subsidiário Etnográfico"*, de que foi apaixonado realizador e compilador meticuloso, conforme declara no livro "Patronos das Escolas de Angola", o Sr. Martins dos Santos. Desencarnou em Luanda, África, a 4 de junho de 1947.

Manuel **VIANNA DE CARVALHO** nasceu em 10 de dezembro de 1847, na cidade de Icó, no estado do Ceará. Engenheiro militar e bacharel em Matemática e Ciências Físicas, era dedicado amante da música, violinista sensível. Emérito e inolvidável conferencista espírita, deixou pegadas luminosas por onde passou, visitando quase todo o Brasil em extraordinárias jornadas doutrinárias. Desencarnou a bordo do vapor "Íris", nas costas da Bahia, no dia 13 de outubro de 1926, sendo sepultado em Salvador.

MARCELO Bastos **RIBEIRO** nasceu no Rio de Janeiro, no dia 31 de outubro de 1935 e desencarnou a 5 de maio de 1962, após dolorosa enfermidade cardíaca, que o afligiu durante a sua existência física. Descendente de pais espíritas, vinculou-se desde cedo à Doutrina Consoladora dos Imortais, pautando a vida pelas diretrizes da moral ensinada pelo Espiritismo. Revelou-se excelente arquiteto, após ter concluído brilhantemente o respectivo curso.

Este livro foi impresso na
LIS GRÁFICA E EDITORA LTDA.
Rua Felício Antônio Alves, 370 – Bonsucesso
CEP 07175-450 – Guarulhos – SP
Fone: (11) 3382-0777 – Fax: (11) 3382-0778
lisgrafica@lisgrafica.com.br – www.lisgrafica.com.br